“渤海走廊”
红色文化的挖掘与传承

潍坊环境工程职业学院　编

齊鲁書社
·济南·

图书在版编目（CIP）数据

“渤海走廊”红色文化的挖掘与传承 / 潍坊环境工程职业学院编. -- 济南：齐鲁书社, 2025. 9. -- ISBN 978-7-5333-5309-4

Ⅰ. K295.2

中国国家版本馆CIP数据核字第2025UD4054号

策划编辑　孔　帅
特约编辑　张葆海
责任编辑　孔　帅　李　珂
装帧设计　亓旭欣

“渤海走廊”红色文化的挖掘与传承
BOHAI ZOULANG HONGSE WENHUA DE WAJUE YU CHUANCHENG
潍坊环境工程职业学院　编

主管单位　山东出版传媒股份有限公司
出版发行　齊魯書社
社　　址　济南市市中区舜耕路517号
邮　　编　250003
网　　址　www.qlss.cn
电子邮箱　qilupress@126.com
营销中心　（0531）82098521　82098519　82098517
印　　刷　山东华立印务有限公司
开　　本　720mm × 1020mm　1/16
印　　张　11.5
插　　页　3
字　　数　150千
版　　次　2025年9月第1版
印　　次　2025年9月第1次印刷
标准书号　ISBN 978-7-5333-5309-4
定　　价　88.00元

山东省社会科学规划研究项目
“‘渤海走廊’红色文化的挖掘与传承研究”结项成果

编委会

前言

在历史的幽微深处，总有一些隐秘而伟大的线索，等待着后人去探寻、挖掘。山东潍坊“渤海走廊”所承载的红色文化内涵便是其中璀璨的一笔。

在烽火硝烟的抗日战争时期，“渤海走廊”秘密交通线于重重艰险中悄然诞生，成为胶东、清河两大抗日根据地之间至关重要的“红色生命线”。在昌邑、潍县、寿光北部，无数英勇无畏的战士、质朴坚毅的民众以血肉之躯铸就了抵御外敌的钢铁走廊。他们怀揣着对民族独立的渴望、对人民幸福的憧憬，在敌人的严密封锁与残酷围剿下，顽强抗争，斗智斗勇，同仇敌忾，奋勇前行，确保了“渤海走廊”的安全畅通。

“渤海走廊”不仅是人员往来、物资输送的交通要道，更是革命精神传承、红色信仰传递的精神血脉。每一寸土地都浸润着先辈们的热血，每一个故事都凝聚着不屈的灵魂。它们如同一颗颗散落的珍珠，亟待我们一一拾起、串联。

随着岁月流逝，那段波澜壮阔的历史逐渐被时光的尘埃所掩盖。然而，挖掘“渤海走廊”红色文化，不仅是对历史真相的追寻，更是对先辈们崇高精神的致敬与缅怀。它承载着我们民族的记忆，是我们坚定文化自信、汲取奋进力量的源泉。

传承需要敬畏，创新需要勇气。今天的“渤海走廊”红色文化传承，正以科技赋能打破时空壁垒：5G全景技术复原“夜过封锁线”的惊险场景，沉浸式戏剧让青年化身“地下交通员”破解密码……这些尝试不是对历史的消解，而是以当代语言重构红色记忆的场景体验。如今，在“渤海走廊”交通线，孩子们通过AR互动亲历“挑粮小道”的跋涉；在高校的思政课堂，学者用大数据分析抗战时期群众动员的“红色网络”——当红色文化从静态展示转向动态参与，历史的回响便真正地浸润了当代人的精神世界。

在新时代新征程上，“渤海走廊”红色文化的传承与创新，本质上是一场跨越时代的精神对话。当我们以敬畏之心守护历史真相，以创新之志开辟表达疆域，这条红色走廊终将在新时代延伸出更辽阔的路径：它既是回望初心的历史坐标，更是启迪未来的智慧源泉。

本书将带您深入探寻“渤海走廊”红色文化的点点滴滴，从烽火岁月的英勇事迹到和平年代的传承实践，每一个章节都饱含着对历史的敬畏、对先辈的感恩以及对未来的期许。愿这份穿越烽火的精神遗产能在传承与创新的交响中，继续照亮民族复兴的壮阔征程。

2025年8月

目 录

CONTENTS

绪　论

党的二十大报告明确指出："全面建设社会主义现代化国家，必须坚持中国特色社会主义文化发展道路，增强文化自信，围绕举旗帜、聚民心、育新人、兴文化、展形象建设社会主义文化强国，发展面向现代化、面向世界、面向未来的，民族的科学的大众的社会主义文化，激发全民族文化创新创造活力，增强实现中华民族伟大复兴的精神力量。"红色文化是在革命战争年代，由中国共产党人、先进分子和人民群众共同创造并极具中国特色的先进文化，蕴含着丰富的革命精神和厚重的历史文化内涵。习近平总书记多次对传承红色基因、弘扬红色文化作出重要指示：红色基因就是要传承。中华民族从站起来、富起来到强起来，经历了多少坎坷，创造了多少奇迹，要让后代牢记，我们要不忘初心，永远不可迷失了方向和道路。当前，处于新时代的我们比历史上任何时期都接近实现中华民族伟大复兴的目标。因此，弘扬红色文化，传承红色基因，对于坚定文化自信、实现"两个一百年"奋斗目标和中华民族伟大复兴的中国梦具有重要的现实意义。

山东是革命老区之一。在新民主主义革命时期，齐鲁大地是全国革命斗争的重地。抗日战争时期，位于昌邑、潍县、寿光北部（简称"三北"）的"渤海走廊"曾一度是胶东通往清河、进而转往鲁中抗日根据地的唯一交通要道，背负着从党中央到省委和各根据地党委以及千千万万军民的殷切期望。在那段极为艰苦的岁月里，"渤海走廊"发挥了护送过往干部、协助跨区调兵、密运战略物资和传递文件、情报等重要作用，为山东乃至全国抗战胜利作出了重要贡献。

新时代挖掘“渤海走廊”红色文化，弘扬“忠于使命、勇于担当、顾全大局、无私奉献”的精神，不但能够铭记历史，也有助于提高全省乃至全国人民对红色文化的认识，有助于激发人们学习红色文化知识的激情，赓续红色血脉，助力中华民族伟大复兴。

一、选题依据

（一）相关研究梳理及研究动态

以习近平同志为核心的党中央始终重视红色文化的挖掘、传承以及红色文化理论教育等系列培养问题。近年来，国内学者对新时代关于红色文化的论述研究日益深化，从不同视角对新时代红色文化论述开展研究，成果颇丰。以“渤海走廊”红色文化为主题的研究，相关的报纸读物较多，但期刊发表的论文数量较少。由此可见，“渤海走廊”红色文化研究仍处于探索且待完善阶段。

第一，关于红色文化的内涵界定。学者使用不一样的视野来进行审视，使用不同的研究方向给出许多观点接近的红色文化内涵的结论。胡炳范在《百色红色文化传承研究》一文中认为，红色文化是马克思主义和我国优秀传统文化的持续发展，是我党和我国人民所具有的创造精神的客观展现。张文、王艳飞认为，红色文化是以马克思主义为指导思想并结合中国传统文化而形成的极具中国特色的先进文化。

第二，关于红色文化的价值。对于红色文化价值方面的研究，主要包括当代价值和历史价值。张梦在《红色文化与社会主义核心价值观融合路径研究》中概括其主要功能：政治教育功能，教育主体是青少年；关于社会主义意识形态的思想导向功能，其中马克思主义的中国化具有与时俱进的特点，今天仍能起到指导作用；培育公民道德的功能。

第三，关于红色文化的传承。学者在大力开展红色文化教育、合理开发利用红色资源、创新红色文化的传播路径、积极开展红色文化活动等方面给予深刻思考和阐释。佟晓楠在《西柏坡红色文化研究》中，针对西柏坡红色文化发展过程中所具有的一些客观问题，进一步给出了增强宣传教育工作、促进红色教育、深度开发红色旅游、创建完善的保护机制等方面的解决途径。刘建平、李双清在《红色文化传承的基本规律》中总结了传承的基本规律：内核吸引规律，即要进一步提炼和挖掘红色文化精神；外力推进规律，红色旅游是传承的重要方式之一，需要政府部门的大力扶持。

第四，关于“渤海走廊”的研究。学者从不同角度进行了挖掘和研究。丁志伟《“渤海走廊”：信念铸就的战略通道》一文，以时间为脉络介绍了“渤海走廊”形成的背景、时间以及在抗日战争时期英雄部队以钢铁般意志顽强奋斗、保卫“渤海走廊”安全畅通的史实。有的学者对保卫“渤海走廊”涌现出的革命烈士进行深入研究。《李福泽：从一代名将到“两弹一星”的功臣》一文，对开国少将李福泽进行了深入研究。随着对“渤海走廊”的研究，相关书籍也陆续出版。如中国作家协会会员、中国报告文学学会会员张葆海创作的长篇纪实文学《生命密道》，2021 年 1 月由山东人民出版社出版。该书用文学的笔法生动描述了“渤海走廊”的开辟、保卫和重要作用。

（二）本课题独到的学术价值和应用价值

1. 学术价值

丰富关于山东省红色文化的理论内涵，增强文化自信。在新时代，红色文化能够增强文化的凝聚力，让我国综合国力获得提升。“渤海走廊”红色文化属于山东省文化软实力的重要组成部分，综合性地分析新时代“渤海走廊”红色文化所具有的传承问题以及发展对策，能增强中华儿女对山东红色文化的情感认同以及价值认同。

2. 应用价值

第一，弘扬“渤海走廊”精神，逐步改善社会风气。在学习中了解、铭记“渤海走廊”红色文化对新时代新生活的重要意义，有力推进社会形成良好的风气，鼓励整个社会形成良好的学习、传播“渤海走廊”红色文化的新风尚。人们陶冶在红色文化的历史中，可以潜移默化地接受优秀红色文化带来的教育。第二，有利于保护抗战文化资源，加强爱国主义教育。爱国主义是红色文化的主旋律，爱国主义是人们对自己祖国最深厚的思想感情，也是中华民族的光荣传统。挖掘和传承“渤海走廊”红色文化，显得尤为重要。第三，合理利用新时代传播方式，有助于推动山东潍坊文化旅游产业发展。旅游业和数字化产业的融合，有助于提升红色文化的魅力，吸引更多的游客主动学习红色文化知识，促进旅游产业升级，提高当地的经济发展速度。

二、研究内容

（一）研究对象

本课题致力于在新时代的大背景下，研究“渤海走廊”红色文化传承的可行性举措，进一步挖掘其当代价值。通过研究“渤海走廊”背后的故事，深度挖掘其红色文化与精神内涵，立足历史逻辑和时代发展，进一步分析传承“渤海走廊”红色文化所面临的困境，在物质文化、精神文化、制度文化层面探究“渤海走廊”红色文化弘扬和发展的可行性举措，展现其鲜明的育人价值和社会价值。

（二）框架思路

本课题建立在“渤海走廊”相关历史资料和相关调查文献的基础上，梳理和阐述关于“渤海走廊”的建设背景和文化内涵，并深度挖掘和总结

"渤海走廊"的历史性作用和现今价值，进一步提出更好地发展和传承"渤海走廊"红色文化的相关措施。

（三）重点难点

1. 重点

本课题研究的重点在于"渤海走廊"形成的时代背景以及具体实践的挖掘，并以此为依据，分析"渤海走廊"所蕴含的红色文化内涵。其中，革命精神和民族大义是如何在全面抗战时期发挥重大作用的，概括出新时代背景下继承和传承、创新和发展"渤海走廊"精神内涵的可行性举措，从而为新时代齐鲁红色文化的挖掘与传播提供经验借鉴。

2. 难点

本课题研究的难点在于依据现有不多的文献资料梳理、提炼、总结、概括"渤海走廊"的形成背景，以史为鉴，并对所形成的红色文化进行挖掘和凝练。这需要对史料进行分析和概括，总结归纳出现有发展"渤海走廊"红色文化的现实困境，还需要大量走访调查，洞察"渤海走廊"红色文化实践发展中的不足之处，要求具有善于发现并总结问题的能力。

（四）主要目标

1. 理论目标

力求在现有史料基础上全面分析"渤海走廊"形成的历史背景，概括梳理"渤海走廊"红色文化挖掘与传承的现状，总结归纳发展"渤海走廊"红色文化的历史意义和当代价值。

2. 实践目标

通过历史梳理与理论阐释相结合的方式，在研究"渤海走廊"形成的历史意义基础上，进一步明确提出关于挖掘和传承"渤海走廊"红色文化的现实举措，为齐鲁红色文化的创新与发展提供一定的实践参考。

三、思路方法

（一）基本思路

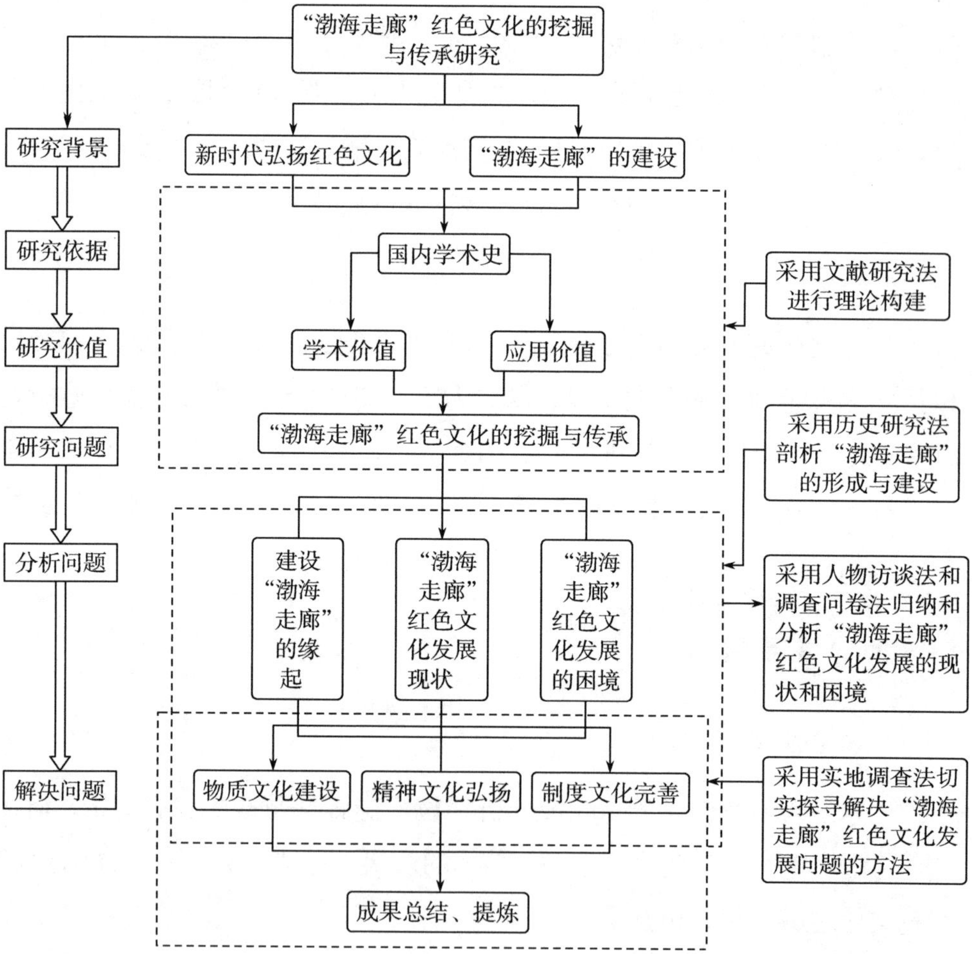

“渤海走廊”红色文化的挖掘与传承研究技术路线

（二）具体研究方法

1. 文献研究法

通过搜集和整理现有文献资料，系统性、全面性地深入分析研究，了解“渤海走廊”相关信息和建设发展的过程。

2. 历史研究法

运用与“渤海走廊”相关的历史资料，按照时间顺序，对特定历史背景下“渤海走廊”的形成及其因时代特色所形成的红色文化进行剖析，揭示红色文化形成和发展的规律和特点，有助于进一步探究新时代背景下红色文化挖掘与传承的不足之处。

3. 实地调查法

沿“渤海走廊”红色交通线进行实地调研，立足当下红色文化根据地，参观渤海走廊革命斗争陈列馆、胶北特委旧址、李福泽事迹陈列馆等，着重梳理昌邑及其所属龙池镇的红色文化挖掘、保护和宣传状况，并探析其未来传承路径，真实地感受革命文化对风土人情的熏陶，进一步总结“渤海走廊”红色文化挖掘与传承的可行性举措。

4. 人物访谈法

拜访健在的参与保卫“渤海走廊”革命斗争的老战士及其后人，了解“渤海走廊”革命斗争的相关战例和典型事迹；访谈山东省优秀共产党员、昌邑县抗日殉国烈士祠管理员魏铁良，聆听革命斗争故事；参观具有代表性的展馆，并随机采访市民，了解人们对“渤海走廊”红色文化的认知度情况。

5. 调查问卷法

结合实际情况，制作以传承红色文化为主的调查问卷，通过问卷调查，进一步了解大家对红色文化的有关看法，搜集相关反馈意见。调研主体主要为高校大学生，将问卷发送到班级群内，通过线上填写的方式进行填写，为研究提供相应数据支持。

四、创新之处

（一）学术思想

本课题建立在“渤海走廊”相关研究已有成果基础之上，按照历史发展的逻辑，梳理“渤海走廊”形成和发展的时代背景和历史意义，重点阐述“渤海走廊”所蕴含的红色文化内涵和时代精神，总结“渤海走廊”建设和发展的历史经验与现实启示。课题研究为齐鲁红色文化的内容研究提供新的路径。

（二）学术观点

本课题建立在思政学科的理论和方法基础之上，尝试论证挖掘发展“渤海走廊”红色文化的可行性举措；课题将探寻“渤海走廊”形成与发展的历史逻辑，突出弘扬“渤海走廊”红色文化的价值和意义。

（三）研究方法

本课题尝试系统搜集、深入挖掘多种文献资料，突出一手文献的重要价值；将实地调查、发放和收集问卷与相关人物访谈相结合，选择“渤海走廊”红色文化的传承困境和可行路径进行深刻论述，努力实现具体研究和整体研究相结合；课题拟采用历史学、教育学、社会学等多学科的理论和方法。

（四）成果转化

本课题深挖“渤海走廊”红色文化形成学术研究体系，通过发挥地方高校的优势，联合有关部门打造一批文学或舞台艺术作品，尝试将理论成果转化为实践成果，在全市形成统一的“大思政”课程资源，进而在全社会形成广泛影响。

第一章　红色文化概述

红色是中国共产党、中华人民共和国最鲜亮的底色。红色文化是伴随着马克思主义在中国的传播而形成的。它创造于新民主主义革命时期，发展于社会主义革命和建设时期，兴盛于改革开放历史新时期，升华于中国特色社会主义新时代，体现着党的性质、宗旨，承载着党的初心、使命，具有深厚的历史底蕴和丰富的精神内涵。

第一节　红色文化的内涵与构成

一、红色文化的内涵

1. 红色的内涵

红色文化内涵丰富。红色是中国古代最具代表性的颜色之一，有着喜庆、吉利的寓意。如古人金榜题名时，常身穿红色服饰以表庆祝。《辞海》对于“红”的解释为：表示胜利、成功等喜事；喜庆事；象征无产阶级革命及政治觉悟高，等等。自近代无产阶级革命开始，红色便被赋予浓重的政治色彩。红色既象征着牺牲和革命，也象征着理想和信念。李大钊曾言：“试看将来的环球，必是赤旗的世界！”[1]中国共产党扛起的大旗被称为“红

[1] 中国李大钊研究会编注：《李大钊全集》第二卷，人民出版社2006年版，第263页。

旗”，八一南昌起义创建的人民军队后来演变为“红军”，在江西瑞金建立的中华苏维埃共和国临时中央政府亦被称为“红色政权”。此外，在中国共产党早期文献中，出现了许多诸如“红色割据”“红色敌后”“红色区域”“红色通道”等表述。从新民主主义革命时期文艺界的部分作品中，我们也不难发现共产党人对红色信仰的笃定，如中华苏维埃共和国临时中央政府机关报《红色中华》。陕甘宁边区抗战时期，陕北民歌《东方红》表达了人民群众对毛泽东同志及其领导的人民革命的拥护与爱戴。这些都表明，红色在广大共产党人的眼中并不只是单调的色彩，还是马克思主义信念和共产主义信仰的象征。

2. 文化的概念

首先要弄清楚文化的概念。“文化”这个词来源于拉丁文，原来是耕作土地的意思，后来逐渐发展演变，引申为培养一个人的兴趣、精神和智能。在汉语中，“文化”一词古已有之。早在《尚书》《易经》中，就出现过“文”字。《说文解字》说：“文，错画也，象交文。”本意是指各式各样色彩各异纵横交错的纹理，引申为经纬天地。《尚书·舜典》就有“经纬天地曰文”的说法。“化”的本意为改易、生成、造化，指实物形态或性质的改变，引申为教育、教化之意。因此，“文化”一词，是一个涵盖范围很广的概念，是“人文教化”的简称。因此，文化是一个范畴很广的词语。按照文化的范围，可以将其分为广义的文化和狭义的文化。广义的文化又称为大文化，指的是“凡是由人类创造的物质的、精神的成果”[1]。

3. 红色文化的定义

近年来，理论界有关红色文化的研究异常繁兴，蔚为大观。但有关红色文化概念、形式、时限、区域、内容、表达和价值的研究，成果丰富却

[1] 朱耀廷主编：《中国传统文化通论》，北京大学出版社2005年版，第3页。

质量参差，覆盖面广，讨论亦泛，观点冲突不一，论证歧见纷呈。

有学者把红色文化的内核指定为红色精神，并认为红色文化的核心是指全国各族人民为了实现民族独立和民族解放，为了实现人民富裕和民族复兴，在反帝反封建的过程中，特别是在中国共产党的领导下，在革命斗争和建设实践中所形成的伟大精神，即红色精神，具体包括在旧民主主义革命时期形成的探索精神、新民主主义革命时期形成的革命精神和社会主义建设时期形成的奋斗精神，以及改革开放时期形成的创新精神。[1]显而易见，作者已将中国红色文化的诞生时间界定在鸦片战争的开始。有学者认为，广义的红色文化是指世界社会主义运动历史进程中人们的物质和精神力量所达到的程度、方式和成果；狭义的红色文化是指中国共产党在领导中国人民实现民族的解放与自由，以及建设社会主义现代化中国的历史实践过程中凝结而成的观念意识形态。[2]有学者认为，红色文化是诞生于江西井冈山革命根据地和苏区时期，以井冈山精神、长征精神、延安精神、抗战精神、西柏坡精神等优秀精神品质为内核的中国共产党创建和领导的一种反帝反封建的进步文化形态，是中国共产党和广大革命群众共同作风、共同信念、共同精神品质和思维方式的集中体现。[3]刘寿礼认为，“红色文化”作为一种新的革命意识形态，是中国共产党领导的群众性革命文化运动的产物，不仅生动地反映了中国共产党领导下的苏区政治、经济的特点和人民群众的精神面貌，而且在继承“五四运动”革命传统的基础上，开辟了我国新文化发展的正确方向和道路，是革命战争年代中国共产党人、苏区人民和进步人士共同创造、积淀的重要文化遗产。[4]尽管学者对红色文

---

[1] 刘红梅：《红色旅游与红色文化传承研究》，湘潭大学2012年博士学位论文。

[2] 赖宏、刘浩林：《论红色文化建设》，《南昌航空工业学院学报（社会科学版）》2006年第4期。

[3] 何克祥：《红色文化与马克思主义中国化要论》，《中共南昌市委党校学报》2007年第1期。

[4] 刘寿礼：《苏区“红色文化”对中华民族精神的丰富和发展研究》，《求实》2004年第7期。

化的概念的表述各有不同，但通过对比我们不难发现，这些定义至少存在以下几个共同点：第一，红色文化的创造主体方面，学者一致认为，红色文化是在中国共产党领导下，由中国共产党人、一切先进分子和人民群众共同创造的；第二，红色文化具有鲜明的时代性，是在中国共产党领导中国人民进行新民主主义革命的过程中形成的，在形成时间上具有相对集中性。

根据学界关于红色文化的相关表述，笔者认为，红色文化是在马克思主义的指导下，中国共产党领导全国人民在革命、建设和改革进程中，为实现中华民族从站起来、富起来到强起来的伟大飞跃所形成的物质文化、制度文化和精神文化的综合体。

二、红色文化的构成

目前，学术界对于红色文化资源的类型亦是众说纷纭，具有代表性的是物质层面和精神层面的二类型说。这种说法较为宏观，能够包括的红色文化资源也较为丰富，缺陷是过于笼统，不利于学者区分和认知红色文化资源。本研究在认可这类说法的基础上，提出物质文化、精神文化、制度文化、信息文化四类型说。

1. 物质形态的红色文化资源

物质形态的红色文化，指的是中国共产党领导人民群众在新民主主义革命、社会主义革命和建设以及改革开放的历史进程中形成的规模巨大的历史遗存，主要以战争、革命事件及重要会议遗迹遗址、人物塑像、革命先烈旧居、革命纪念馆（碑 / 塔）、烈士陵园、博物馆、展览馆等形式存在。物质形态的红色文化资源遍布大江南北，是数量最丰富、规模最庞大，且最容易引人注目的红色文化资源。主要包括以下三种：一是战争、革命事件及重要会议遗迹遗址。自“五四运动”爆发以来，在将近半个世纪的革命历程中，中国大江南北留下了许多遗址、遗迹，如江西修水县工农红军革命军第一军第一师师部旧址、南昌“八一”起义指挥部旧址、嘉兴南湖“一大”旧址、遵义会议会址、延安杨家岭革命旧址（中共七大会址）等。二是英模人物塑像、城市命名和革命先烈旧居。在漫长的革命建设和改革过程中涌现出众多英模人物，他们为党夺取政权以及社会主义强国富民事业作出巨大贡献，甚至献出宝贵的生命。为了缅怀他们的光辉事迹，弘扬其爱国主义情怀，在英模人物的出生地、主要事迹发生地、牺牲地以及长期工作地，相继以他们的名字命名相关的城市或是竖立雕像，如陕西省延安市志丹县、山西省晋中市左权县、吉林省白山市靖宇县等。英模人物塑像是最常见的红色文化资源之一，往往竖立于故居、纪念馆、大型广场、公园、校园等具有纪念意义和价值的场所。人物塑像的造型往往能够体现人物的精神风貌和主要事迹，具有较高的文物价值和纪念意义，如为了纪念毛泽东同志和表达对其崇敬之意的“毛主席塑像”，为了纪念邓小平同志对改革开放的历史贡献而矗立在深圳市莲花山的“邓小平铜像”等。革命先烈旧居，主要是指革命战争年代的仁人志士曾经生活和工作过的场所，其中以革命领袖人物、左翼民主进步人士的旧居最为瞩目，如位于湖南省湘潭市韶山村的毛泽东同志故居、位于湖南省宁乡市花明楼镇炭子冲村的刘少奇同志故居等。每年这些伟人故居都会吸引不少国内外游客前往参观和游览，追寻伟人的生活足迹。三是革命纪念馆、博物馆、展览馆以及烈士陵园等历史纪念场所。革命纪念馆、博物馆和展览馆用以纪念革命先烈和警示世人需要铭记的重大历史事件，地点一般位于市区，交通便利，便于市民参观。这些馆内一般珍藏有革命先烈生前所用的物品、书稿、领导人题词以及重要历史事件中的遗留物品等极为宝贵的历史文物，使参观者能够对革命事件的历程及其后续的社会影响作出思考。如南昌八一起义纪念馆、南泥湾大生产纪念馆、延安革命纪念馆、中国人民抗日战争纪念馆等。烈士陵园的修建是为了安葬、纪念烈士和开展革命传统教育，其占地面积较大，大多数国家级和省级烈士陵园都配套修建纪念馆和碑亭等。物质形态的红色文化资源具备共同的特点，那就是视觉冲击力强，且极易引发参观者内心的思考与情感的共鸣，能够陶冶参观者的情操。

2. 精神形态的红色文化资源

红色文化的精神形态，主要指中国共产党领导全国人民在革命建设和改革时期求索和追寻的政治信仰、理论知识、价值取向和道德观念等。它是对红色文化内核的高度凝练，也是红色文化资源的主体，突出表现为新民主主义革命时期、社会主义革命与建设时期、改革开放新时期和中国特色社会主义新时代的各种红色精神。鉴于党在不同时期红色精神内涵多种多样，我们有必要进行进一步梳理。

新民主主义革命时期的红色精神，可以按照历史时间轴和“总—分”的结构细分为五类：第一类，即从中国共产党成立伊始至井冈山斗争之前形成的精神。这一阶段的红色精神不多，具有代表性的如安源精神、二七精神、八一精神等。第二类，即中国共产党领导人民群众在不同的革命历史阶段形成的具体红色精神，如井冈山精神、长征精神、延安精神、西柏坡精神等。第三类是从属于母体红色精神的“下位”子精神，如长征精神中的“半条被子”精神、遵义会议精神、延安时期敌后大生产运动中诞生的南泥湾精神等。第四类则是中国共产党领导人民群众开辟的小型根据地和解放区内形成的红色精神，如沂蒙精神和百色精神等。第五类是中国共产党领导人民群众在“国统区”与敌对势力进行革命斗争时形成的红色精神，其中最为典型的是红岩精神。坚定信念、不怕牺牲、顽强拼搏、群众路线、团结合作等是新民主主义革命时期红色精神的共同内涵。

社会主义革命与建设时期的红色精神，可以分为社会主义革命时期的红色精神和社会主义建设时期的红色精神。这些红色精神形成的时间跨度为新中国成立后至改革开放前。社会主义革命时期的红色精神主要以抗美援朝精神、北大荒精神为代表；社会主义建设时期的红色精神在许多层面都有所体现，如大寨精神、大庆精神、铁人精神、雷锋精神、焦裕禄精神和“两弹一星”精神等。

在改革开放新时期和中国特色社会主义新时代，精神形态的红色文化资源表现形式多样、成果丰硕。如果说新民主主义革命时期和社会主义革命与建设时期形成的红色精神用过去式来表达的话，那么改革开放以来形成的红色精神就要用现在进行时来表达。随着社会发展过程中重大（突发）事件的出现，党在领导人民群众解决或缓和矛盾的过程中也会形成相应的红色精神。如改革开放伊始，为了充分调动农民开展生产劳动的积极性，村民立下生死状，按下红手印，签订大包干契约，拉开中国农村改革大幕的“小岗精神”（也称“大包干”精神）；为城市的发展提供导向和动力作用的被概括为“开拓创新、诚信守法、务实高效、团结奉献”十六个字的“深圳精神”；为激励奥运健儿的斗志以“更快、更高、更强”为核心的“奥运精神”；在抗击新冠疫情中形成的“生命至上、举国同心、舍生忘死、尊重科学、命运与共”的伟大抗疫精神。除此之外，还有在战胜重大自然灾害过程中形成的抗洪精神、抗震救灾精神等。

3. 制度形态的红色文化资源

制度形态的红色文化资源，是党领导人民群众在不同的革命历史时期和社会主义建设时期形成的用以维护正常的工作、劳动、学习和生活的各项秩序，保证各项政策顺利开展的具有法规性、指导性和强制性的一系列规章制度的总称。从本质上说，红色制度是党在历史发展各个阶段的纲领路线、方针、政策等一系列规范体系和行为模式，涵盖了创建、推行和保护红色文化的各种规章制度以及政策法规，其实质是中国制度力量的体现。红色制度在规范共产党员和人民群众的行为、鞭策和激励其斗志以及实施功过奖惩等层面具有十分重大的意义。红色制度可以细分为政治制度、经济制度、文化制度以及法律制度等内容。如形成于新民主主义革命时期的“政治协商制度”（最早可以追溯到 1924 年，在共产国际的帮助和促成下，国共两党以“党内合作”的形式实现了第一次合作，这次合作具有政党协商的性质）；坚持党管宣传，强化对新闻报刊工作的领导权，建立最广泛的宣传思想文化统一战线，实现文化领导权的文化制度；国共十年对峙时期内的土地革命相关的经济政策以及抗日战争时期根据地实行减租减息等相关政策的经济制度；新民主主义革命时期颁发的《井冈山土地法》《中华苏维埃共和国宪法大纲》等法律层面的制度等。以上列举的只是新民主主义革命时期相关的红色制度等。新中国成立以来，伴随着社会发展和治国理政的不断深化，越来越多的红色制度呈现在我们眼前。

4. 信息形态的红色文化资源

为了更好地宣传党的理论和思想、发动更多的群众以及凝聚共识，党领导人民群众在中国革命和建设的伟大征程中创作出不胜枚举的文化和艺术作品。它们题材多样，是联结人民群众的纽带。红色文化资源的信息形态，主要包括党的报刊，领袖人物和革命先烈的经典著作，红色歌曲（舞、剧），革命标语，革命人物传记和回忆录，红色访谈资料等。不同历史时期的红色文化艺术作品，分别表达了对马克思主义信仰的坚守，对共产主义（社会主义）的拥护，对新时代美好生活的向往与追求等内涵。它们记录了新民主主义革命以来中国人民的奋斗历程和拼搏姿态，是可以触摸和感知且最容易打动内心的红色文化资源之一。

第一，党的报刊。为了以工人阶级和人民群众喜闻乐见的形式将马克思主义简明扼要地“灌输”进他们的头脑，党早期的革命报刊便应运而生。主要包括《新青年》、《共产党》月刊、《向导》周报、《前锋》月刊等刊物。新中国成立后，党的报刊承担着宣传国家意识形态、宣布党和国家重大政策主张、记录社会的发展与变迁等重大任务，主要有《求是》《人民日报》《光明日报》《大众日报》等。

第二，领袖人物和革命先烈的经典著作。领袖人物和革命先烈是对国家革命和建设作出巨大贡献的人。他们促进了社会发展与进步，是人民群众心中敬仰的楷模。他们的行动激励着一代代共产党人为了人民幸福生活而不断奋斗。他们留下的文章、书信以及诗词等著作是人民群众的精神食粮。就文章来说，可见于《毛泽东选集》《毛泽东文集》《周恩来选集》《刘少奇选集》《朱德选集》《邓小平文选》等。就红色书信来说，内容和题材亦十分丰富。华中科技大学出版社 2019 年出版的《红色家书》，其中就收录了党早期革命领导人如俞秀松写给父母的《我要救中国最大多数的劳苦群众》、李立三写给父亲的《造一个光明灿烂的新世界》以及张太雷写给妻子的《求学问是一种最快乐的事》等书信。从这些书信中，我们可以读到革命先烈对理想信念的执着追求、对党绝对忠诚的赤子之心、为人民大众谋取利益的炽热情怀以及舍生取义的崇高气节等内容。红色诗词是领导人和革命先烈在面临特殊的重大事件时用以记录内心感情世界的创作，如毛泽东的《沁园春·雪》《七律·人民解放军占领南京》，周恩来为“皖南事变”的题诗，陈毅的《梅岭三章》及董必武的《中秋望月》等。

第三，红色歌曲（舞、剧）及革命标语。红色歌曲（舞、剧）不仅能让人民群众得到感官上的享受，愉悦身心，而且能从中汲取精神力量，受到感化和教育。具有代表性的“红歌”有《义勇军进行曲》《游击队歌》《北京的金山上》等；代表性的红色舞蹈如根据红色歌曲改编的同名舞蹈《映山红》《红星闪闪》等；代表性的红色歌剧有《智取威虎山》《红灯记》《红色娘子军》等。革命标语是党在新民主主义革命、社会主义革命和建设时期创作的文字简练、意义鲜明的宣传、鼓动口号。它们的作用是向人民群众宣传马克思主义和党在各个历史阶段的纲领、政策、路线等内容。如井冈山斗争时期的“工农专政”“参加红军，把军阀彻底打倒，永远过太平日子”等；延安时期的“红军是第一次大革命光荣传统的继承者”“工农商学兵联合起来，打日本强盗”等；新中国成立后，三大改造时期的“总路线是照耀我们各项工作的灯塔”等。

第四，革命人物传记和回忆录。革命人物传记是对红色人物的生平生活、工作和精神等领域进行系统性描述的文学作品，是对革命人物特征和深层次精神的表达和反映，如罗斯·特里尔所著的《毛泽东传》、迪克·威尔逊所著的《周恩来传》以及中共中央文献研究室编著的《邓小平传》等。回忆录则不像人物传记那般正式和条理清晰，也不拘泥于形式，是一种自传体的描述。在品读过程中，能够让人体会到主人翁闲逸而亲切的叙事口吻，继而产生强烈的对话感。人民出版社“老一辈革命家回忆录”系列丛书中就包含了众多充满革命激情、饱含人生感悟、凝聚深刻思考且具有历史厚重感的作品，如《彭德怀自述》《耿飚回忆录》《黄克诚自述》等。

总的来说，信息形态的红色文化资源能够以人民群众喜闻乐见的方式表达党在不同历史时期革命和建设上的重大纲领、路线、方针和政策，最容易打入人民群众的内心精神世界，引起思想上的共鸣。新时代背景下，信息形态的红色文化资源既能够以最为直观的方式强化人民群众对马克思主义的信仰和社会主义的认同，又能够在此过程中达到弘扬和传承红色文化资源的目的。

第二节　红色文化的生成逻辑

一、理论逻辑

1. 马克思主义：红色文化的理论基石

1847年，世界上第一个无产阶级政党——共产主义者同盟在伦敦成立。这是世界上第一个以科学社会主义为指导思想的国际无产阶级政党以及世界上第一个红色政党。伴随着国际共产主义运动的第一个纲领性文件《共产党宣言》的发表，世界红色革命由此拉开帷幕。

共产主义理想是马克思主义理论的核心，也是中国红色文化理论的核心内容。在批判早期空想社会主义理论的基础上，马克思和恩格斯的“唯物史观”和“剩余价值理论”这两大发现，使科学社会主义探索走向科学。马克思主义理论以科学社会主义为指导，以全世界无产阶级的解放和全人类的解放为宗旨，在深度剖析资本主义社会的本质中寻找指引无产阶级解放自身和解放全人类的科学道路，即共产主义社会。共产主义社会是无产阶级政党在科学社会主义理论的指导下进行共产主义现实运动的必然结果。中国的共产主义现实运动中，中国无产阶级政党，即中国共产党带领无产阶级团结广大人民群众推翻了帝国主义、封建主义和官僚资本主义的压迫，建立无产阶级政权。通过社会发展积累社会物质财富、促进人民精神文明发展，从而过渡到共产主义社会。但是这个过渡任务是一个漫长且曲折的历史过程，正如习近平总书记指出的“实现共产主义是我们共产党人的最高理想，而这个最高理想是需要一代又一代人接力奋斗的”。所以，共产主义理想既是中国共产党的奋斗目标，也是在中国共产主义现实运动中产生的中国红色文化的精神内核。中国共产党以实现共产主义社会为最高纲领，带领中国人民实现了从站起来到富起来再到强起来的伟大飞跃。红色文化的发展史就是共产党人为实现共产主义社会而努力的奋斗史。

马克思主义唯物史观为红色文化的生成和发展奠定了科学的理论基础，指明了红色文化是一种无产阶级文化和群众文化。在《神圣家族》中，马克思、恩格斯指出“历史活动是群众的事业”。唯物史观认为，人类社会历史进步的根本动力来自人的社会历史实践活动。此过程中创造的物质文化和精神文化都是人的主体性发挥作用的结果。因此，文化是人的主体性在特定的社会历史活动中发挥作用的产物。中国红色文化在中国共产党人带领人民进行新民主主义革命运动的社会历史条件下产生，在中国社会主义建设和改革社会历史进程中不断发展。在《共产党宣言》中，马克思、恩格斯指出，共产党人“没有任何同整个无产阶级的利益不同的利益”。中国共产党带领人民反抗帝国主义、封建主义和官僚资本主义压迫的过程，就是人民解放自身获得自由的过程。在社会主义建设和改革的过程中，共产党人始终代表最广大人民群众的利益，一切依靠群众，一切为了群众，为实现人民对美好生活的向往而努力奋斗。因此，中国共产党带领人民创造的红色文化是先进的社会主义文化，是无产阶级和广大人民群众思想观念的集中反映的无产阶级文化和群众文化。

19 世纪中叶，马克思主义这一伟大理论犹如一盏明灯，照亮了人类社会前进的道路。随着近代中国国门被列强的坚船利炮轰开，中国陷入内忧外患的困境，无数仁人志士踏上救亡图存之路。在这一历史进程中，马克思主义逐渐传入中国，成为红色文化孕育的理论基石。

马克思主义在中国的广泛传播，为红色文化的萌发点亮了思想火种。19 世纪末 20 世纪初，中国社会深陷内忧外患泥沼，无数仁人志士探寻救亡图存之路，西方诸多思潮纷至沓来。然而，马克思主义以其科学性、革命性脱颖而出。早期，以陈独秀创办的《新青年》杂志为前沿阵地，先进知识分子高举民主与科学的大旗，对封建礼教、旧传统观念展开猛烈批判，为马克思主义在中国的传播扫清了思想障碍。李大钊等先驱更是率先在中国系统介绍马克思主义基本原理。通过发表一系列深刻而犀利的文章，如《庶民的胜利》《布尔什维主义的胜利》等，向国人展现了一个全新的社会理想蓝图。这些文章不仅传播了马克思主义的阶级斗争学说、唯物史观等核心要义，还让中国民众开始意识到无产阶级的力量以及社会变革的可能途径。

在当时黑暗动荡的社会环境下，马克思主义所倡导的消灭剥削、实现社会公平正义、无产阶级当家作主等理念，如同一剂强心针，注入渴望摆脱帝国主义、封建主义压迫的中国人民心中。它为迷茫中的中国人提供了一种全新的世界观和方法论，让大家认识到中国积贫积弱的根源所在以及通过阶级斗争、社会革命走向独立富强的光明前景。早期共产主义小组在各地蓬勃兴起，成为马克思主义扎根中国土壤的关键节点。上海、北京、武汉等地纷纷组建共产主义小组，他们创办工人夜校、发行通俗刊物，像上海小组的《劳动界》用通俗易懂的语言向工人阶级传播马克思主义，阐释剩余价值理论，唤醒工人阶级觉悟，使其认识到自身肩负的历史使命。青年学生、工人阶级在这些组织中深入学习马克思主义经典著作，热烈探讨中国社会的出路，逐渐凝聚起变革社会的强大力量，为红色文化孕育汇聚磅礴的阶级力量。从北京、上海等大城市，到一些中小城镇，马克思主义犹如星星之火，开启了燎原之势，为红色文化在中国大地的蓬勃兴起奠定坚实的理论根基。

1921 年 7 月，中国共产党成立。中国红色革命由此开始，中国红色文化开启崭新的篇章。中国的红色革命运动在马克思主义基本原理的指导下结合中国的具体实际开展而取得胜利。中国红色文化是中国红色革命的产物，是马克思主义基本原理同中国具体实际相结合的产物，它以马克思主义基本原理为理论奠基，在马克思主义中国化的过程中被“第一个结合”的理论成果丰富和发展。自此，红色文化沿着马克思主义指引的方向，在中国革命与建设的漫漫征途中不断书写壮丽篇章。

在共产主义理想信念的引领下，无数革命先烈毅然投身中华民族解放之路，无畏奋进。从新民主主义革命到社会主义建设，再到开启中国式现代化的新征程，中国共产党人在马克思主义指导下，历经无数艰难战斗，取得革命胜利，让红色基因深深扎根于中华大地。马克思主义理论所具备的时代性、人民性与实践性特点，更是赋予红色文化蓬勃的生命力。时代性使红色文化能与时俱进，持续吸收先进社会文化；人民性确保其在人民群众中代代传承；面对当代“四大考验”与“四种危险”，中国共产党人进行伟大斗争、建设伟大工程、推进伟大事业、实现伟大梦想，为红色文化发展注入源源不断的驱动力，使其在时代浪潮中熠熠生辉。

2. 传统家国情怀为红色文化筑牢精神根基

中华优秀传统文化源远流长，其中深厚浓烈的家国情怀贯穿数千年历史。从古代仁人志士“修身、齐家、治国、平天下”的人生追求，到“先天下之忧而忧，后天下之乐而乐”的责任担当，家国情怀早已融入中华民族的血脉。在近代中国面临列强瓜分、民族危亡的关键时刻，这种家国情怀被赋予新的时代内涵，成为红色文化孕育生长的肥沃土壤。

辛亥革命前夕，无数革命先烈秉持着对家国命运的深切忧虑，抛头颅、洒热血，试图打破封建腐朽统治的枷锁。秋瑾女士以巾帼不让须眉之势，东渡日本求学，寻求救国真理，归国后积极投身革命活动，写下“拚将十万头颅血，须把乾坤力挽回”的豪迈诗句，展现出为家国牺牲一切的大无畏精神。她所代表的这一代革命者，将传统家国情怀与救亡图存的现实使命紧密相连，为红色文化萌芽注入了最初的精神力量。

到了新民主主义革命时期，面对内忧外患的残酷局面，中国共产党人更是将家国情怀升华到新高度。方志敏在狱中写下《可爱的中国》，畅想未来中国“到处都是活跃的创造，到处都是日新月异的进步”。即便身陷囹圄，他仍心系国家前途、民族命运。这种炽热的家国之爱正是中华优秀传统文化之家国情怀在红色文化中的深刻映照。无数像方志敏一样的共产党人，为了建立一个独立自主、繁荣昌盛的新中国，前赴后继，让家国情怀在红色旗帜下汇聚成磅礴力量，筑就红色文化坚不可摧的精神根基。

3. 传统民本思想为红色文化丰富价值内涵

民本思想在中国传统文化中占据重要地位，从先秦诸子百家“民为贵，社稷次之，君为轻”“水则载舟，水则覆舟”等主张，到后世历代统治者对民生问题的关注，无不体现出对百姓力量的尊重与重视。红色文化在发展进程中充分汲取这一传统思想精华，彰显出以人民为中心的价值取向。

土地革命时期，中国共产党深刻洞察农民阶级在中国革命中的主力军地位，将“打土豪，分田地”作为核心政策之一。这一举措直击农民最迫切的土地需求，让广大农民真正成为土地的主人，不仅解决了生存问题，更激起他们参与革命的热情。广大农民深切感受到共产党是为人民谋幸福的政党，纷纷加入红军，支持革命斗争，成为红色政权得以稳固的坚实力量。这背后蕴含的正是对传统民本思想的继承与创新，将百姓对美好生活的向往作为奋斗目标，使红色文化在诞生之初就承载着厚重的人民情怀。

抗日战争时期，中国共产党倡导建立抗日民族统一战线，团结一切可以团结的力量，共同抗日。在根据地建设中，始终将保障人民利益放在首位，推行民主政治，让百姓参与政权管理；开展大生产运动，改善人民生活条件。“全心全意为人民服务”这一宗旨在艰苦卓绝的斗争岁月中愈发熠熠生辉。它是传统民本思想在红色文化语境下的凝练升华，使红色文化的人民性价值内涵得以不断丰富拓展，赢得了广大人民群众发自内心的拥护与支持。

4. 传统道德观念为红色文化塑造高尚品格

中华传统道德体系蕴含着勤劳勇敢、自强不息、诚实守信、团结友爱等诸多美德。这些道德观念在红色文化塑造过程中发挥了关键作用，为共产党人及广大革命群众提供了行为准则与精神指引。

勤劳勇敢、自强不息的品质在革命斗争的每一个阶段都展现得淋漓尽致。红军长征途中，面对雪山草地、江河险阻以及敌人围追堵截，战士们凭借顽强意志，用双脚丈量两万五千里征程，“风雨侵衣骨更硬，野菜充饥志越坚”。在极端恶劣环境下不屈不挠，书写了人类历史上的壮丽史诗。这种坚韧不拔的精神正是传统道德观念中勤劳勇敢、自强不息精神的传承，融入红色文化血脉，成为激励后人奋进的强大动力。

诚实守信、团结友爱等美德也在红色文化场景中熠熠生辉。在革命队伍中，战友之间生死相依、祸福与共，许下的诺言重于泰山。地下党员为严守机密，即使面对酷刑折磨也绝不背叛组织与同志，以生命捍卫忠诚底线。军民之间更是亲如一家，百姓为保护八路军伤员不惜牺牲自己生命；人民军队则处处为百姓着想，帮群众解决生产生活难题。这些感人至深的事件背后，是传统道德观念在红色文化场景中的生动演绎，塑造出中国共产党人及革命群众胸怀大义、高风亮节的高尚品格，使红色文化散发着人性与道德的光辉，感召着一代又一代中国人传承红色基因、续写时代华章。

总之，中华优秀传统文化从精神根基、价值内涵到高尚品格塑造等多个维度，全方位滋养着红色文化，使其在中国革命的历史进程中蓬勃发展，成为中华民族独有的精神标识，为实现中华民族伟大复兴提供着源源不断的精神动力。

二、历史逻辑

19 世纪中叶，中国在西方列强的坚船利炮下被迫打开国门，古老的封建王朝陷入前所未有的危机，曾经辉煌的华夏文明遭受重创。经济上，自给自足的自然经济逐渐解体，沦为列强商品倾销地与原料掠夺场；政治上，清政府腐败无能，丧权辱国条约接连签订，国家主权与领土完整被肆意践踏；社会层面，民众生活困苦不堪，阶级矛盾日益尖锐，农民阶级、资产阶级等各阶层对现状极度不满。

这一时期，传统的封建文化在列强强势冲击下摇摇欲坠，却又尚未找到新的出路。然而，困境孕育希望，中国人民反抗侵略、追求独立自由的斗争从未停歇。从三元里人民抗英到太平天国运动，这些早期抗争虽带有一定局限性，但点燃了民族觉醒的星星之火，为后续革命文化乃至红色文化的孕育提供了初始养分。

随着民族危机加深，资产阶级维新派登上历史舞台，倡导变法维新，试图在保留封建帝制基础上学习西方先进制度，以图富强。康有为、梁启超等维新志士著书立说、奔走呼号，传播新思想。如康有为的《新学伪经考》《孔子改制考》冲击传统儒学权威，为思想解放开辟道路。尽管戊戌变法最终失败，但其开启了近代中国思想启蒙大门，让更多人认识到变革的紧迫性，为革命文化积累了思想素材。

辛亥革命则是旧民主主义革命的高峰，以孙中山为代表的资产阶级革命派，提出“三民主义”纲领，推翻清王朝统治，结束封建帝制，建立中华民国。这一伟大创举激发了民众民族意识与民主共和观念。其间，诸多革命实践，如武昌起义、“二次革命”等，展现出革命者的英勇无畏精神。各地创办革命报刊、建立革命团体宣传革命主张，营造浓厚革命氛围。不过，辛亥革命胜利果实很快被袁世凯窃取，中国陷入军阀混战，革命未能彻底改变社会性质，却为红色文化萌芽提供了借鉴：单纯依靠资产阶级无法完成民族独立解放大业，必须探索新的革命道路。

新文化运动兴起，犹如一场思想狂飙。陈独秀、胡适等新文化倡导者以《新青年》为阵地，高举“民主”与“科学”大旗，猛烈抨击封建礼教、旧道德、旧文化，倡导白话文，极大解放思想，唤起青年一代对自由平等的追求，为马克思主义在中国传播扫清思想障碍，是革命文化向更高层次发展的关键节点。

“五四运动”爆发，青年学生率先行动，高呼“外争国权，内惩国贼”。工人阶级随后登上政治舞台，展现强大力量。“五四运动”具有彻底反帝反封建革命性、追求救国真理进步性、各族各界群众广泛参与性，标志新民主主义革命的开端。此时，马克思主义广泛传播并与工人运动紧密结合。各地共产主义小组纷纷成立，中国共产党诞生的条件日趋成熟。中国共产党成立后，红色文化有了坚实引领核心，继承以往革命文化反抗压迫、追求进步的精神，立足工农群众，开启全新的奋斗征程。

大革命失败后，中国共产党汲取教训，走上独立领导武装斗争、创建农村根据地的道路。井冈山革命根据地建立意义非凡，它像一颗火种点燃各地武装割据烽火。在这里，“工农武装割据”理论实践生根，土地革命让农民获得土地，政治上翻身做主，激发参军参战热情，“打土豪，分田地”成为响亮口号；根据地民主政权建设践行人民当家，工农兵代表大会制度保障群众权益；红军建设茁壮成长，游击战等战术灵活运用克敌制胜。

同时，红色文化宣传教育全面铺开，红色歌谣、戏剧、标语遍布根据地。《十送红军》传唱军民深情，红色报刊传播党的声音、交流斗争经验。这一时期红色文化扎根乡土，紧密围绕土地革命、武装斗争、根据地建设，继承并发扬自力更生、艰苦奋斗、依靠群众等优秀品质，呈现蓬勃生机，为革命持续推进提供强大精神支撑。

抗日战争爆发，中日民族矛盾成为主要矛盾。中国共产党秉持民族大义，推动抗日民族统一战线建立。红色文化融入全民族抗战洪流，一方面八路军、新四军深入敌后创建根据地，“三三制”政权团结各方力量抗日，文艺工作者创作大量抗战作品，如冼星海《黄河大合唱》、田间街头诗等，激发爱国斗志；另一方面延安整风统一全党思想，毛泽东诸多著作系统阐述新民主主义理论，升华了红色文化理论高度。

解放战争时期，红色文化为夺取全国胜利添翼。“一切为了前线，一切为了胜利”，人民群众踊跃支前，三大战役彰显人民战争伟力。党不断加强自身建设，培养大批德才兼备干部。红色文化凝聚人心、动员群众力量达到巅峰。它继承革命先辈遗志，承载人民对和平幸福向往，伴随新中国成立，成为中华民族不朽精神丰碑，持续推动中华民族伟大复兴伟业向前迈进。

三、现实逻辑

1. 新民主主义革命时期的血与火洗礼

新民主主义革命时期，中国共产党领导人民进行了艰苦卓绝的斗争，为红色文化的形成奠定了坚实的实践基础。“五四运动”作为新民主主义革命的开端，犹如一声春雷，唤醒了广大青年学生与民众的爱国热情，以彻底反帝反封建的革命性、追求救国强国真理的进步性、各族各界群众积极参与的广泛性，推动了中国社会进步，促进了马克思主义在中国的广泛传播，为中国共产党成立做了思想上干部上的准备，开启了红色文化孕育的新篇章。

中国共产党的创建是红色文化发展的关键转折点。1921 年中共一大召开，宣告党的诞生。从此，中国革命有了坚强领导核心。党在初创期，深入工农群体，领导工人罢工、农民运动，党领导的工人运动蓬勃兴起。香港海员罢工、京汉铁路工人罢工、安源路矿工人大罢工等，展现了工人阶级的强大力量与革命斗志。工人阶级作为先进生产力的代表，成为红色文化萌芽的先锋力量。从海陆丰农民运动到湖南、湖北、江西、河南等地的农民运动，农民运动风起云涌，动摇了封建统治根基。农民阶级作为中国革命的主力军，为红色文化的成长提供了广阔土壤。红色文化承载着农民对土地的渴望、对美好生活的向往，从萌芽走向初步成长，紧密伴随党的早期革命实践步伐。

土地革命战争时期，红色政权如星星之火成燎原之势，为红色文化发展拓展广阔天地。井冈山革命根据地的创建是中国革命斗争史上的伟大创举，毛泽东等在此探索“工农武装割据”道路，打土豪、分田地政策深入民心，《井冈山土地法》的颁布保障了农民权益；军民鱼水情催生大量红色歌谣、故事，“红米饭，南瓜汤”传唱艰苦奋斗岁月，黄洋界保卫战彰显军民英勇无畏。红色文化在此阶段物质载体骤增，精神内涵因革命实践滋养愈发醇厚，反映党在艰苦斗争中对革命道路的执着探索。

在革命战争岁月，红军长征历经千难万险，跨越千山万水，在极度艰难困苦的环境下，凭借坚定的理想信念与顽强的意志，战胜了敌人的围追堵截，克服了恶劣的自然条件，铸就了伟大的长征精神。这一精神成为红色文化的不朽丰碑。抗日战争与解放战争时期，面对民族危亡与民族解放重任，红色文化展现出强大凝聚力与号召力。全民族抗战中，中国共产党倡导、促成抗日民族统一战线，八路军、新四军奔赴抗日前线。平型关大捷提振民族信心，红色文艺作品蓬勃涌现，《黄河大合唱》激昂旋律激发爱国热情。延安成为革命圣地，吸引无数有志青年。“延安精神”蕴含自力更生、艰苦奋斗等精神，为红色文化注入新活力。解放战争时期，人民解放军在中国共产党的领导下，以摧枯拉朽之势推翻国民党反动统治，解放全中国，为新中国成立奠定坚实基础。在这一过程中孕育的西柏坡精神，蕴含着谦虚谨慎、艰苦奋斗、敢于斗争、敢于胜利等精神特质，为红色文化注入新的活力，展现出红色文化在新民主主义革命实践中的蓬勃发展。

2. 社会主义革命和建设时期的砥砺奋进

新中国成立后，面对百废待兴的局面，中国共产党领导人民迅速投入社会主义革命和建设之中，开启了红色文化发展的新篇章。在这一时期，党领导人民进行土地改革，彻底废除封建土地所有制，使广大农民成为土地的主人，极大地解放了农村生产力，激发了农民的生产积极性，为国家工业化建设奠定了基础；开展“一化三改”，逐步实现社会主义工业化，对农业、手工业和资本主义工商业进行社会主义改造，建立起社会主义基本制度，实现了中国历史上最深刻最伟大的社会变革，为红色文化注入了社会主义的全新内涵。

在社会主义建设过程中，红色文化紧扣时代脉搏持续发展。全国人民发扬艰苦奋斗精神，各条战线涌现出无数英雄模范与感人事迹。“铁人”王进喜在大庆石油会战中不顾个人安危，跳进泥浆池，用身体搅拌泥浆，为石油开采立下赫赫战功，展现出石油工人为国家建设无私奉献的高尚情怀；雷锋以“全心全意为人民服务”为宗旨，在平凡岗位上做出不平凡事迹，他的名字成为助人为乐、无私奉献的代名词，影响了一代又一代中国人；“两弹一星”元勋们在艰苦的科研条件下，隐姓埋名，刻苦钻研，成功研制出核弹、导弹和人造卫星，打破了西方国家的核垄断与航天技术封锁，挺起了新中国的脊梁。各地兴建工业基地、水利设施，红旗渠蜿蜒山间，见证人民战天斗地豪情，这些实践为红色文化续写新篇章，激励后人在社会主义建设征途中奋勇前行。红色文化展现了与时俱进的特质，承载着不同阶段中国人民的梦想与奋斗，这些先进典型所承载的精神力量汇聚成强大合力，推动社会主义建设蓬勃发展，使红色文化在这一时期得到极大丰富与拓展，彰显出社会主义制度的优越性与人民群众的创造力。

3. 改革开放和社会主义现代化建设新时期的创新发展

改革开放的春风吹遍神州大地，中国开启了社会主义现代化建设的全新征程，红色文化也随之迎来创新发展的机遇。在这一时期，党以经济建设为中心，实行改革开放政策，推动思想解放，打破旧有观念束缚，激发了社会各界的创新活力与发展动力。农村家庭联产承包责任制的推行，使广大农民的生产积极性得到极大提高。农业生产迅速发展，农村面貌焕然一新，为中国经济腾飞奠定了坚实基础。城市经济体制改革逐步展开，国有企业改革不断深化，多种所有制经济共同发展，市场经济体制逐步建立，推动中国经济高速增长，综合国力显著提升。

随着改革开放深入推进，红色文化在继承传统的基础上不断创新形式与内涵。以深圳为代表的经济特区在短短几十年间从一个小渔村崛起为国际化大都市，创造了举世瞩目的“深圳速度”，孕育出敢闯敢试、敢为人先、埋头苦干的特区精神；在科技领域，中国科学家勇攀科技高峰，载人航天工程取得重大突破，神舟系列飞船成功发射，嫦娥探月工程顺利实施，高铁技术领先世界。这些成就背后蕴含的创新精神、拼搏精神融入红色文化，使其展现出与时俱进的时代魅力，更好地适应社会主义现代化建设的需求，为中国的快速发展提供强大精神支撑。

4. 中国特色社会主义新时代的蓬勃兴盛

中国特色社会主义新时代，中国在政治、经济、文化、科技等各个领域取得了历史性成就，红色文化也呈现出蓬勃兴盛的发展态势。在脱贫攻坚战场上，数百万扶贫干部深入贫困地区，扎根基层，与贫困群众并肩作战，历经八年苦战，实现了近一亿农村贫困人口全部脱贫，832 个贫困县全部摘帽，12.8 万个贫困村全部出列，历史性地解决了绝对贫困问题，脱贫攻坚精神闪耀光芒，彰显了中国共产党人为人民谋幸福的坚定决心与强大执行力。在抗击新冠疫情斗争中，全国人民众志成城，医护人员逆行出征，科研人员日夜攻关，基层工作者坚守岗位，各行各业齐心协力，铸就了生命至上、举国同心、舍生忘死、尊重科学、命运与共的伟大抗疫精神，展现出中华民族面对重大危机时的团结与坚韧，为红色文化注入了新的时代内涵。

与此同时，红色文化的传播与传承也迎来新契机。借助互联网、新媒体等现代技术手段，红色文化资源得到更广泛深入的挖掘与传播。线上红色纪念馆、虚拟红色旅游、红色主题短视频等新兴形式蓬勃兴起，让红色文化跨越时空限制，走进千家万户，贴近人们生活，使更多人尤其是青年一代能够便捷地了解红色历史、感受红色精神，进一步激发了民族自豪感与爱国情怀，为实现中华民族伟大复兴汇聚起磅礴精神力量，红色文化在新时代焕发出前所未有的生机与活力。

第二章　建设红色交通线“渤海走廊”的缘起

第一节　“渤海走廊”形成的背景

一、早期共产党员播散革命火种

“渤海走廊”的形成有其自然地理因素，也有其政治因素。自古以来，山东内地进入胶东半岛就有一条“秦驰古道”。明清以来，这条道路更成为进出胶东的主要通道，又称为“青莱古道”。昌邑位于胶东半岛西北端，莱州湾南畔，地理版图南北狭长，自古即有“扼青莱之咽喉”之说。

1840年鸦片战争以后，列强把整个山东半岛作为向内地入侵的跳板。昌邑作为必经之路，是较早遭到列强政治、经济、军事、文化侵略的地区之一。面对帝国主义和封建主义的双重压迫剥削，昌邑民众一直走在反帝反封建的前沿。辛亥革命时期，以陈干、于恩波为代表的数十名昌邑籍早期民主革命志士毅然加入同盟会，追随孙中山进行民主革命，还有多人直接参与北伐战争，为辛亥革命作出积极贡献。

在俄国十月革命的影响下，1919年5月4日，北京青年学生首先掀起声势浩大的反帝反封建爱国运动。在工农群众的积极参与下，“五四运动”

的浪潮很快波及全国。5 月底，昌邑城内单级师范、蚕桑实业学校、高等小学的师生，为声援北京、济南学生的爱国运动，举行罢课。师生们手执写有“勿忘国耻，抵制日货”“誓雪国耻”的彩旗，排着整齐的队伍，走上街头游行示威。在县城各学校师生的影响下，夏店、北孟等地的学生以及县城的搬运、邮政、印刷工人和店员也迅速行动起来，纷纷罢课、罢工、罢市，反对帝国主义侵略和封建军阀统治。“五四”爱国运动在昌邑境内一直持续两个月之久，产生了深远的影响，为后来昌邑县党组织的创建奠定了基础。

“五四”爱国运动后，马克思主义在中国进一步传播。一批先进知识分子更加清楚地看到了国家命运岌岌可危，更加感到腐败黑暗的社会现状难以忍受。他们以救国救民、改造社会为己任，重新探索中国的发展道路。这时，接受过“五四”爱国运动教育的昌邑有志青年满怀忧国忧民的激情，开始以不同的方式寻求和探索救国救民的道路。他们有的置身军旅，矢志报效国家；有的考入高等学府深造，期望强国富民。1921 年，中国共产党宣告成立，马克思列宁主义在中国更为广泛地传播。一批昌邑籍先进知识青年在不同的环境中，接受马克思主义的教育，相继加入中国共产党，成为昌邑籍早期共产党员。

当时，整个山东的中共党员还不到 1000 人。其中，齐鲁大学昌邑籍学生于培绪是该校第一批学生党员之一，王兴选是齐鲁大学学生运动带头人之一。还有黄复兴、黄世伍、卢志英、卢云斗等相继在不同地方加入中国共产党。每逢寒暑假，于培绪、黄复兴、黄世伍等便从学校带回一些油印的革命传单和介绍马列主义的小册子，在本村及周围村庄秘密张贴和散发，以“地主不劳动为什么吃香喝辣，农民终日劳累为什么一生受穷”“穷人只有结起来同富人斗，才能改变自己的命运”等简单而朴实的革命道理，启发贫苦农民起来革命。他们广泛联系亲朋好友和同乡同学，顶着封建势力的种种恫吓、压力，利用各种场合和形式宣传马克思主义和共产党的主张。于培绪以能言善辩的口才，一面应付父亲的约束，一面在与人闲谈中巧妙宣传革命道理；王兴选把本村王敬良家的菜园屋子变成宣传马克思主义和组织发动群众的主要阵地。资料显示，当时全县有近 50 名党员和青年学子加入到宣传马克思主义中来，推动了马克思主义在昌邑的传播，为昌邑党组织的建立和农民运动的兴起奠定了坚实的思想基础。

1927 年蒋介石发动“四一二”反革命政变后，中共山东省委根据形势变化和斗争需要，把当时学生中的共产党员派到斗争第一线，建立革命组织，发动工农运动。即将毕业的齐鲁大学学生王兴选根据党组织指示，采取应试的办法，当了铁路职工。不久，他被分配到昌邑，在岞山火车站当了一名薪金微薄的车务司事。他以铁路职工的公开身份作掩护，广泛结交铁路工人和周围村庄的农民，经常向他们宣传党的主张，介绍国内的革命形势，颇受当地人民的拥戴。不久，山东省委得知他的工作有了一定群众基础后，便确定岞山站为山东区省委与胶济铁路东段沿线党组织的联络站，并派黄复兴、黄世伍回到昌邑，协助王兴选开展工作。同年 6 月，王兴选、黄复兴、黄世伍按照山东省委的指示，在岞山火车站创建昌邑县最早的党组织——中共岞山支部。岞山支部是山东省早期的基层党组织之一，也是当时山东省委能够联系到的 92 个支部之一。

当时，中共山东区执委发往青岛、潍县、高密等地党组织的文件及指示，岞山支部每次都准确、及时、无误地送达，从而保证了党的指示在各地的贯彻执行。

在岞山支部的宣传发动下，昌邑南部的铁路工人和贫苦农民反抗剥削和压迫的斗争也日益兴起。王兴选在铁路工人和附近农村贫苦农民中，秘密培养了一批积极分子，并曾筹划用颠覆火车的办法来破坏敌人的交通运输。在饮马一带的农村，经黄复兴、黄世伍秘密发动，贫苦农民开展了对封建军阀和地方豪绅的抗捐、抗税、抗租斗争。在外地做党的地下工作的于培绪也曾几次回到昌邑，向岞山支部传授外地的工作经验和斗争信息，极大地鼓舞了岞山支部成员的革命斗志，加快了岞山支部发动农民运动的步伐。岞山支部既继续担负着山东省委联络站的任务，又是昌邑工农运动的领导核心。虽然当时只有 3 名党员，斗争经验不足，但它却是一个以马克思列宁主义为行动指南、以共产主义为奋斗目标，具有严格纪律和严密组织的无产阶级政党组织。它一经成立，就显示出强大的凝聚力和号召力。

岞山支部的创建，是昌邑革命历史的一个转折点。它意味着无产阶级领导的新民主主义革命运动已经在昌邑大地上拉开序幕，昌邑人民的革命斗争开始走上了正确的道路。

昌邑是著名的“丝绸之乡”。中国共产党成立前后，昌邑绸商还开辟了一条“红色丝绸之路”。他们闯北洋的时间主要集中在苏联建立之前，人员以双台、卜庄为多，最多时有 400 人。仅岞埠村就有 100 余人。1911 年开始，许多昌邑绸商陆续北行，或经绥芬河横跨西伯利亚，或由烟台乘船直达海参崴，或经满洲里通过中东铁路到俄国销绸。“红色丝绸之路”正是昌邑绸商开辟的北洋丝路，成为中国的马克思主义者来往于中国和苏联之间、与共产国际进行联络的一条秘密交通线。王尽美曾两次组织昌邑绸商背上当地出产的茧绸作掩护，护送共产国际代表和第三国际远东会议中国代表团到苏俄。第一次是 1921 年中共一大之后，王尽美负责护送共产国际代表尼克尔斯基回莫斯科。他找到王翔千，制订了详细的护送计划。经过周密部署，王翔千组织昌邑柳疃背绸包的一群伙计，轮番接力护送，最终将尼克尔斯基安全送回莫斯科。第二次是 1922 年 1 月，第三国际在莫斯科召开远东各国共产党及民族革命团体第一次代表大会。王尽美、邓恩铭、王象午、王复元、王乐平等人作为山东代表参加了会议。这次去苏俄也是由王翔千负责策划，由昌邑柳疃背绸包的伙计打掩护出行。据考证，不仅王尽美两次经过这条“红色丝绸之路”，陈独秀、李大钊、瞿秋白等去苏俄也是从这里经过。此外，一批早期先进知识分子从京、津、沪等地来到东北，通过“红色丝绸之路”奔赴苏俄，学习马列主义革命思想。“红色丝绸之路”承担了传播马克思主义的使命。

八七会议之后，中共山东省委作出关于今后工作方针的决议，决定筹建农民武装，发展壮大党组织，准备举行武装暴动。王兴选、黄复兴、黄世伍立即分头发动群众，成立农运组织。1928 年 6 月 5 日，山东省委派于培绪从济南回到昌邑，指导岞山支部扩大“贫民会”组织，以共产党员和贫民会青壮年会员为骨干组织饮马“红枪会”，以其为骨干力量接连开展一系列袭击恶霸地主及军阀残余的斗争活动，取得节节胜利。

1928 年 12 月，农民武装遭到敌人残酷镇压，于培绪、黄复兴惨遭杀害。中共山东省委称赞于培绪“勇敢而有能力”“他的牺牲是我党的很大损失”，并出专刊纪念，号召全省党员向于培绪同志学习。

饮马农民武装暴动虽然失败了，但这次暴动以其声势之大、参与人数之多、持续时间之长、震动面之广，在山东党史上留下浓墨重彩的一笔。它不仅展现了共产党员和人民群众为争取民主革命胜利而英勇奋战、无所畏惧的革命精神，而且沉重打击了国民党地方政府和当地封建军阀的反动统治。它播下的革命火种、提供的经验教训，为后来昌邑县党组织的发展、革命武装的建立、革命根据地的开辟打下了基础。

饮马农民武装暴动失败后，昌邑县的革命形势转入低潮，党组织经历了一个非常艰难的阶段。在此期间，国民党反动派到处制造白色恐怖，疯狂地捕杀共产党员和革命群众，使革命力量和党组织遭到极大摧残。但是，共产党员为真理而斗争的革命精神是摧不垮、压不倒的。他们“揩干净身上的血迹，掩埋好同伴的尸首”，重新组织起来，投入新的战斗。

二、七、八支队踏出“星火走廊”

1936 年秋，在青岛以开“荒岛书店”为掩护从事地下工作的共产党员张智忠，根据中共山东省委指示，从青岛回到昌邑，在卜庄镇集东村建立中共昌邑县委，由中共山东省委直接领导。从此，昌邑党组织建设进入了一个新的阶段。

1937 年初，中国正处于从局部抗战向全面抗战过渡的关键节点，民族危机空前尖锐，抗日救亡成为全民族最紧迫的诉求。

1. 日本军国主义步步紧逼

九一八事变后，日本侵占东北，接着以“华北自治”为名，通过“何梅协定”，迫使国民政府撤出河北、察哈尔两省的中央军与党政机构，扶植傀儡政权“冀东防共自治政府”，华北五省（冀、察、晋、绥、鲁）面临沦为“第二个满洲国”的危险。同时，日军在北平近郊频繁举行军事演习。1937 年 6 月起，驻丰台日军与中国第二十九军（宋哲元部）摩擦不断，战争阴云密布。日本军部制定《第三次处理华北纲要》，明确以武力征服华北的目标。

2. 国共关系的历史性转折

1936 年 12 月，“西安事变”和平解决，迫使蒋介石接受“停止内战，联共抗日”主张。国共十年内战基本结束。1937 年 2 月，国民党五届三中全会召开，会议虽未公开承认共产党合法地位，但放弃“剿共”方针。抗日民族统一战线初步形成。

国共代表围绕红军改编、陕甘宁苏区政权合法性等问题反复磋商。直至 1937 年 8 月，才达成协议（红军改编为八路军，南方游击队改编为新四军），但双方在敌后发展、政权归属等问题上仍存有潜在矛盾。

3. 全国救亡运动的浪潮澎湃

北平、上海等地学生持续发动一二·九运动式的请愿游行，喊出“反对华北自治”“停止内战、一致抗日”等口号。全国各界救国联合会（救国会）等团体迅速壮大，沈钧儒、邹韬奋等组织领袖呼吁建立联合政府，共御外侮。

左翼作家联盟、戏剧界抗敌协会等团体以文艺为武器，鲁迅的杂文、茅盾的《子夜》、田汉与聂耳的《义勇军进行曲》等作品广泛传播，大大激发民族救亡意识。电影《马路天使》《十字街头》以隐喻手法揭露社会危机，获得了票房与口碑的双丰收。

4. 地方势力的态度分化与抉择

广西李宗仁、白崇禧发表《抗日救亡纲领》，主张“焦土抗战”；山西阎锡山成立“牺牲救国同盟会”，试图在日军与蒋介石之间寻求自保。参与西安事变的东北军（张学良部）、西北军（杨虎城部）被调往豫、皖等地整编，官兵抗日情绪强烈，部分将领秘密与中共联络，寻求继续抗战的出路。

5. 国际环境复杂博弈

英、美、法对日本侵略采取“不干涉”态度。1936 年 11 月，日本与德国签订《反共产国际协定》，1937 年 11 月，意大利加入该协定，法西斯轴心国初步形成，国际正义力量对中国的实质性援助尚未展开。苏联为牵制日本“北进”威胁，主动改善对华关系。1937 年 8 月，与中国签订《中苏互不侵犯条约》；随后，提供首批军事援助（120 架飞机、82 辆坦克等），并派遣军事顾问团来华。

6. 全面抗战的导火索——七七事变

1937 年 7 月 7 日夜，日军以士兵“失踪”为由炮击宛平城。国民党第二十九军吉星文团奋起抵抗。此时，蒋介石仍寄望于“外交解决”。但日军于 7 月 28 日攻占北平,8 月 13 日进攻上海，彻底粉碎国民政府残存的“和平幻想”。1937 年 8 月 14 日，国民政府发表《自卫抗战声明书》；9 月 22 日,《国共合作宣言》正式公布。中国进入“地无分南北，人无分老幼”的全面抗战阶段。

日军制定“三个月灭亡中国”的狂妄计划，8 月初，30 万日军沿平绥、平汉、津浦铁路向华北腹地大举进攻; 8 月 13 日，战火烧到上海; 9 月 30 日，侵入山东。从此，齐鲁大地日寇横行、汉奸霸道，狼烟四起、民不聊生。

全面抗战爆发后，在中国共产党的领导下，昌邑、潍县、寿光迅速掀起抗日救亡运动浪潮。1937 年 10 月，中共鲁东工委在博山成立，并召开会议。按照山东省委关于“分区发动武装起义，建立抗日队伍”的部署，根据地方党组织的力量和群众基础，决定分别在寿光和昌邑、潍县北部发动武装起义，组建国民革命军第八路军鲁东游击队。

中共寿光县委积极筹备抗日武装起义。县委书记陈少卿，委员陈纪明和李杰等人在不同地点以教学为掩护，领导全县的抗日救亡运动，并建立各种抗日群众组织。他们在马家庄、牛头镇等地举办游击战训练班，培养抗日骨干，并进行多次军事演习。12 月 29 日，寿光各地游击队员肩扛长枪，手持长矛和大刀，集结在巨淀湖畔，举行起义誓师大会。在誓师大会上，公开打出“国民革命军第八路军鲁东游击队第八支队”（简称“八支队”）的队旗，并推选马保三任总指挥，张文通任政委。马保三宣读了《八支队成立宣言》，张文通宣读了《告全国同胞书》。起义部队在牛头镇住了 18 天，完成部队编组、初步训练和作战准备等工作。队伍编为一、三、五、七中队和特务中队，共 700 余人。

1937 年 11 月中旬，中共鲁东工委书记季方华来到昌邑，向县委书记张智忠传达省委“紧急会议”精神和鲁东工委关于分区发动武装起义的决定。然后，分别在瓦城村和集东村召开昌邑党组织和“民先”组织负责人会议，号召大家立即将工作重点从宣传抗日转移到筹备枪支、建立秘密抗日游击组织上来，待时机成熟，潍县、昌邑同时举行武装起义。省委确定起义部队番号为“国民革命军第八路军鲁东游击队第七支队”（简称“七支队”）。

这时，在潍县北部发动抗日武装起义的王一之、耿锡章、牟星桥、牟龙高、耿一凡、栾新斋、郭焕中等人联络了一批抗日青年，掌握了部分枪支弹药。根据以上情况，季方华于 12 月底在华疃村主持召开起义预备会议。会议决定，1938 年 1 月 9 日在潍北固堤镇举行起义，届时夺取固堤镇盐警队的枪支，公开打出“国民革命军第八路军鲁东游击队第七支队”的旗帜。会后不久，季方华发现起义准备工作尚不充分，便决定推迟起义时间，并通知两县负责人继续抓紧分头进行起义准备工作。

按照鲁东工委的指示，中共昌邑县委发动全县党员立即行动，根据

“有人出人，有枪出枪，有钱出钱”的原则，分头发动“民先”骨干利用各种方式筹集武器装备，组织抗日武装。不久，在昌邑县组织起三股抗日武装力量：一股是以孙汉三、赵立秀、陈龙飞、刘光汉为骨干，来自瓦城、白塔、马渠、郭疃等村的人员；另一股是以张智忠、陆升勋为骨干，来自东家、夏店、大陆、卜庄等村的人员；再一股是以翟瑞符、翟绍先、翟梓椿为骨干，来自逄翟、十字路、王范庄等村的人员。

1938 年 1 月 9 日，日军侵占潍县县城和昌邑南部铁路沿线车站，昌（邑）潍（县）两县的形势发生重大变化。根据抗日形势的需要，季方华于 1 月 24 日在华疃村小学再次主持召开起义预备会议。参加会议的有王一之、薛绍庚、于效辉、牟龙高、张子彬、栾新斋、郭焕中、耿锡章等人。昌邑县委因未及时接到通知，没有按时参加会议。会议决定，1 月 27 日在潍北蔡家栏子村和昌邑瓦城村同时举行武装起义，并通过了起义宣言《告父老书》，确定了集结部队的联络信号，展示了七支队的军旗。会后，季方华派人将会议精神向昌邑县委作了传达。县委立即通知李福泽、孙汉三、翟绍先、翟梓椿、陆升勋等骨干领导人，迅速带领起义人员到瓦城集结，并指定由李福泽、孙汉三、赵立秀等负责接应部队，安排食宿。当时春节已近，加之参加起义的人员分散，短时间内难以集中，除瓦城附近的人员时聚时散外，其他起义力量未能按时到达瓦城集结。

季方华等按预定时间在蔡家栏子村举行了武装起义，并成立七支队领导机构。王培汉任支队长，季方华兼任政委，王一之任政治部主任。春节过后，李福泽、孙汉三、刘光汉等将瓦城及周围村庄的 50 余名起义人员集中起来，于 2 月 5 日上午在瓦城小学举行武装起义，公开打出了“国民革命军第八路军鲁东游击队第七支队”的旗帜。

2 月 15 日，昌邑和潍北的抗日武装在瓦城汇合。3 月 26 日，八支队 1500 余人由寿光经潍县到达昌邑，在瓦城与七支队会师。会师以后，为加强党对部队的领导，中共鲁东工委决定，在强化部队思想政治工作的同时，将七、八两个支队合编，实行统一指挥。鲁东工委研究决定，七、八支队先协同作战，拔掉柳疃日伪据点，以壮军威，扩大影响。然后，到潍河以东继续筹集枪支，发展抗日力量。4 月 1 日晚，部队进入指定位置，次日拂晓，战斗打响。七、八支队凭着敢打敢冲的精神，发起猛烈攻击。可是，由于柳疃据点的日伪军数量和武器装备都大大超过情报所提供的数字，又加上七、八支队武器装备较差，缺乏攻坚经验，难以抵挡敌人的反击，被迫撤出战斗。

4 月 10 日，指挥部率领部队离开昌邑，奔赴胶东。七、八支队东进到新河，胶东特委和山东人民抗日救国军第三军及胶东游击队第三支队派代表前往迎接。在沙河与胶东兄弟部队共同商定东上黄县、扩大抗日防区的问题。其后，七、八支队激战黄山馆顽军，收编龙口海关税务队，与兄弟部队并肩战斗智取黄县城，驰援掖县，击退顽军张金铭，使蓬、黄、掖抗日根据地连为一体。7 月底，七、八支队西返清河，挥师沂蒙，发展到 6000 多人、5000 多支枪。同年年底，编入山东纵队，成为山东抗日战场上的一支劲旅。

其实，七、八支队东征西战的路线就是后来的“渤海走廊”秘密交通线。

第二节 “渤海走廊”形成的现实基础

一、军事作战的迫切需要

全面抗日战争时期，山东地区成为重要的战场。中共山东省委响应党中央号召，积极发动武装斗争，并加快各根据地建设。在齐鲁大地上，逐步创建胶东、清河、鲁中、滨海、鲁南等抗日根据地。然而，这些根据地在日伪顽的反复“扫荡”和“蚕食”下，位置分散，联系困难，且不巩固。这就迫切需要建立一条安全畅通的交通线，以便在军事上互相援助支持。

1. 战略位置的需要

昌邑、潍县、寿光三县北部（简称“三北”），北临渤海湾，南有胶济铁路，是连接胶东和内陆腹地的咽喉，地理位置极为重要。它不仅是胶东、清河、鲁中根据地往来的重要通道，也是各根据地之间军事协作的关键通道。因此，为了确保各根据地之间的紧密联系和相互支持，迫切需要建立一条安全畅通的交通线。

2. 物资运输的需要

地处沂蒙山区的鲁中根据地，作为全省的军事政治中心，却相对封闭、地瘠人贫。而胶东地区物产丰富、经济发达，特别是山东招远是当时全国黄金的主产区，这些资金、物资恰好是省委和党中央所急需的战略资源。因此，建立秘密输送渠道以运送这些物资，显得尤为重要。

3. 部队调动的需要

为了加强各根据地之间的军事协作，跨区调兵也是必不可少的。“渤海走廊”的建立，为胶东与清河、鲁中之间的部队调动提供便利条件。在战争期间，经“渤海走廊”自西向东行进的部队有力支援了胶东地区，使胶东抗日根据地建设得到加强；而自东向西行进的胶东部队也为清河根据地输送了有生力量。

4. 对敌斗争的需要

在日伪顽的严密控制下，根据地之间的联系变得异常困难。为了打破敌人的封锁和围堵，各根据地需要建立一条安全畅通的交通线来确保军事信息的传递和作战指挥的顺利进行。“渤海走廊”不仅是一条物资运输和部队调动的通道，更是一条生命线。它使得我党我军能够在敌人的眼皮底下开展灵活机动的对敌斗争，确保各根据地之间在军事上的紧密联系和相互支持。

为此，中共山东省委决定，尽快打通“渤海走廊”，使胶东与鲁中、清河之间的联系变得通畅。此后，在清河、胶东区委和山东分局关注支持下，随着党政军建设的加强，“渤海走廊”逐渐建立起来。在“渤海走廊”沿线，我党军民与日伪顽展开艰苦卓绝的斗争，通过改造地形、健全情报网络、伏击歼敌等形式，确保了这条秘密交通线的安全畅通。

“渤海走廊”的形成是军事作战的迫切需要，是地理、历史、政治和经济等多方面因素共同作用的结果。在抗日战争时期，“渤海走廊”发挥了重要作用，成为连接中国北方地区的重要通道之一。它不仅解决了各根据地之间联系困难的问题，还为战略物资的运输和部队调动提供便利条件，为山东乃至全国抗战胜利作出重要贡献。随着时代的变迁和经济发展，“渤海走廊”的战略地位和经济价值也在不断提升。

二、共产党人的实践背景

“渤海走廊”形成的现实基础，深深植根于共产党人的实践背景之中。这一过程充满艰辛与智慧，是共产党人打通战略通道、加强根据地之间联系而进行的伟大实践。

1. 党组织的发展与壮大

在“渤海走廊”沿线地区，党组织不断发展壮大。到 1942 年，昌邑县已在多个乡、村建立党支部，并发展大批党员。这些党组织和党员在保卫“渤海走廊”武装斗争中发挥了重要作用。

2. 群众基础的巩固

党组织在“渤海走廊”沿线广泛发动群众参与武装斗争。通过民主选举、经济互助、文化宣传等措施，巩固群众基础，并激发了群众抗日热情。

3. 党的早期斗争

中国共产党在昌邑、潍县、寿光三县北部较早地开展了建党活动，并领导八路军鲁东游击队等进行抗日武装起义。他们通过伏击战、游击战等多种战术，不断打击敌人，保卫了渤海走廊的安全。这些活动为“渤海走廊”奠定了坚实的组织基础。

4. 抗日宣传与根据地建设

共产党人在“三北”地区深入开展抗日宣传，并逐步建立抗日根据地。这些根据地的建设为“渤海走廊”的开辟提供了有力支撑。

5. 军事斗争的残酷性

面对敌我力量悬殊的困境，“三北”抗日军民团结协作，同仇敌忾，开展巡逻、伏击等行动，与日伪顽斗智斗勇，确保了“渤海走廊”的畅通无阻。

6. 战略资源运输

在抗日战争最艰苦的时期，战略物资、情报、文件的输送对于根据地的生存和发展至关重要。“渤海走廊”作为一条重要的物资输送通道，为各根据地提供了急需的物资支援。特别是胶东出产的黄金源源不断地通过“渤海走廊”秘送延安，为党中央解决了燃眉之急。据统计，抗日战争时期，胶东共向延安运送黄金 13 万两，大部分是通过“渤海走廊”运送的。

三、坚实的群众基础

抗日战争期间，昌北根据地只有 400 人左右的武装力量。要战胜强大的敌人，必须依靠老百姓的支持与拥护。为此，根据地党政军干部把做好群众工作看得比行军作战还重要，卓有成效地抓了三方面的工作。这也正是“渤海走廊”巩固发展的现实基础。

1. 推行政治民主

根据党中央和山东分局决定，昌邑早在 1940 年就分别设立区级政权机构——乡、镇联合办事处。1941 年 2 月，县委在瓦城村成立参议会，召开第一次参议员会议，按照“三三制”（共产党员、非党左派进步分子、中间分子各占三分之一）原则，选举产生昌邑县抗日民主政府领导班子，这标志着昌北抗日根据地的正式形成。这也是当时胶东地区成立较早的县级抗日政权之一。

县、区、乡政权建立后，昌北大多数村随之建立抗日自卫团、妇救会、青救会、儿童团等群众组织。各级各阶层人民群众在共产党的号召下，第一次有秩序、有纪律地组织起来。全县仅抗日自卫团就发展到10149人、其中基干团员5275人，普通团员4874人，成为坚守抗日根据地、打击日伪顽的一支有生力量。特别是马渠村抗日自卫团和民兵组织，人员多、作战能力强。胶东和清河军区的主力部队每次到昌邑作战时，凡遇上硬仗、恶仗，部队首长总是说：“调马渠民兵。”

2. 发展经济

由于日伪军的残酷“扫荡”和经济封锁，加上连年自然灾害，昌北抗日根据地一度陷入异常艰苦的困境。为战胜财政经济困难、粉碎敌人封锁，昌邑县委、县政府于1941年4月成立春耕委员会，并号召党政军民齐动员，一手握枪杆，一手拿锄镰；一面反“扫荡”、保家乡，一面搞生产、种粮棉，自力更生解决穿衣吃饭问题。区、乡、村分别成立“生产委员会”“抗日互济会”“义务代耕队”，指导农业生产。县大队在武装掩护群众生产的同时，带头进行自给性生产。1941年，在马渠村以西大草洼开荒种小麦1000多亩，收获小麦10余万斤。一些因战争而停业的晒盐、榨油、纺织、制鞋等作坊和商品经营业主也在县政府的扶持下，重新恢复生产和经营。为减轻群众负担，县委、县政府在郭疃村办起制鞋厂、在辛安庄村开办酿酒厂。同时，通过减租减息，不仅团结了一切可以团结的力量，还从经济上、政治上削弱了农村顽固势力。更重要的是，虽然连年战争和灾荒多发，但昌北地区未发生大的逃荒事件，民心得到长足稳定。

3. 解放思想

全面抗战刚开始，卜庄等地的一些村庄就办起青年夜校，宣传、教育和组织群众参加抗日救亡活动。七七事变后不久，陈庆泉、张乐乔、王书范、齐文甫、徐迈等在柳疃编印《抗战简报》，成为当时全省为数不多的抗战宣传报刊。至今仍是我省研究抗战宣传的生动案例。后来，《抗战简报》被迫停刊，陈庆泉、徐迈、陈厚基、王书范、齐文甫 5 人毅然奔赴延安。同时，以夏店小学为中心的中华民族解放先锋队（简称“民先”）组织还组建抗日剧团和歌咏队，排练《开路先锋》《大刀向鬼子们的头上砍去》《放下你的鞭子》等抗日剧目，到各村巡回演出，极大地鼓舞了群众的抗日信心；编写宣传抗日救国的《抗日课本》，作为各学校教科书在全县公开发行。从 1940 年到 1943 年，昌北抗日根据地还掀起以学习文化和扫盲运动为主的“群众冬学运动”。近万名农村妇女参加“识字班”，学唱抗战歌曲。其中，许多青年妇女加入中国共产党或参军入伍。1941 年胶东区《一年来西海民运工作总结》中，对昌邑群众组织扩大、活跃敌顽区的群众工作、农民运动、模范村建设、转化干部成分、下营码头工人参军、群众大挖“抗日沟”、自卫团配合游击队截击敌人、成立行政委员会、干部带头吃草种、自力更生建立民主政权等 11 项工作提出表扬。

四、地理位置的有效连接

1. 秦驰古道的传承

在历史的长河中，交通线路如同一条条脉络，串联起不同时代的政治、经济与文化。秦驰古道与渤海走廊虽相隔近两千年，却在地理层面上有着千丝万缕的联系。

秦驰古道是秦始皇统一六国后为加强统治而修建的交通大动脉，其部分路段途经莱州湾南岸，涵盖今山东潍坊等地。这条古代的“国道”选线极为考究，多选择地势平坦、便于大规模通行的区域。平坦的地形不仅有利于车马行进，也降低了道路建设的难度和成本，使秦王朝的军事影响力大大增强，物资运输能够高效运转。这一区域的地形条件被秦驰古道充分利用，而后续“渤海走廊”的开辟也依赖了这种先天的地理优势。比如，秦驰古道经过的昌邑、潍县、寿光等地的平原地形，为人员和物资往来提供了便利。“渤海走廊”在规划路线时，充分借鉴秦驰古道的选线智慧，将这些区域纳入其中，选择在相对平坦、利于行军和物资运输的地段开辟，减少了地形复杂带来的阻碍。

同时，“渤海走廊”北部靠近渤海湾，拥有盐碱海滩等特殊地貌。这些看似不利于通行的环境，却成为天然的掩护，增加了敌人封锁和巡逻的难度。河流等自然障碍也被巧妙地用于隐蔽和防御，这与秦驰古道在修建时利用自然地形进行防御的思路不谋而合。

从更宏观的地理视角看，二者在区域交通中都扮演着枢纽的关键角色。秦驰古道是秦朝连接胶东半岛与内陆的重要通道，构建起庞大的国家交通网络，加强了中央对地方的控制与管理，促进了不同区域间的经济文化交流。“渤海走廊”在抗日战争时期承担起连接胶东、清河、鲁中根据地的重任，成为战略交通的核心枢纽。这条秘密交通线使人员得以安全转移，物资能够顺利运输，打破了敌人的封锁，为抗战胜利提供了有力保障。

秦驰古道与“渤海走廊”，跨越时空，在地理上紧密相连。秦驰古道为“渤海走廊”的形成奠定地理基础和交通经验，“渤海走廊”则在新的历史时期继承和发展了这片区域的交通战略价值。它们共同书写了中国交通史上的壮丽篇章。

2. 胶东、清河抗日根据地的链接需求

胶东和清河抗日根据地作为山东抗日根据地的重要组成部分，在抗日战争中发挥了至关重要的作用。两者之间的链接需求主要体现在战略协同、物资交流、人员调配以及情报共享等方面。

（1）胶东抗日根据地的成立及发展

1938 年 1 月，中共胶东区委建立第三军军政委员会。与此同时，胶东区党组织在掖县、蓬莱、黄县等地发动群众，建立抗日民主政府，组建 4000 余人的抗日救国军第三军。

山东纵队成立后，抗日救国军第三军改编为山东纵队第五支队。1939 年，第五支队粉碎日伪军对以大泽山区为中心的大“扫荡”，开辟和巩固了以平度、招远、莱阳、掖县为中心的胶东抗日根据地，巩固了西海区。与此同时，第五支队还挺进北海区，开辟和坚持了蓬莱、黄县沿海地区。年底，成立胶东军区，许世友任司令员，林浩任政治委员。1940 年，第五支队和胶东军区部队继续向东海区的海阳、牟平以东发展，而且坚持了西海区、北海区的抗日武装斗争；打击了日军，粉碎了国民党顽固派和伪军的进攻，开辟和坚持了东海区根据地的抗日武装斗争，胶东抗日根据地得到进一步发展。

（2）清河抗日根据地的成立及发展

清河区成立于 1938 年 5 月，其前身是中共鲁东工委所辖地区，包括小清河两岸及胶济铁路张店至昌潍段两侧各县。同年 10 月，根据战争形势需要，中共苏鲁豫边区省委决定，以胶济铁路为界，北至黄河，西起济南，东到寿光、益都为清河区。路南各县另外成立淄博特区。清河区遂成为东至昌邑，西靠章（丘）历（城），南枕胶济铁路，北至垦区（垦利等黄河口地区）的一个广泛区域。

全面抗战爆发后，中共山东省委陆续派遣姚仲明、赵明新、金明、季方华等党员和廖容标、韩明柱等红军干部奔赴长山、广饶、益都、寿光、博兴、昌邑、潍县、临淄、桓台等县，恢复建立党组织，广泛发动群众，组织抗日武装。1937 年 10 月下旬，正式建立中共鲁东工委，由季方华任书记，统一领导清河流域 10 余县党组织的恢复、整顿、创建工作和抗日武装斗争。

根据中共山东省委的统一部署，1937 年 12 月 26 日，共产党员姚仲明、廖容标等组织长山中学的进步师生和长山、桓台两县的“民先”队员、进步青年，发动黑铁山抗日武装起义，建立山东人民抗日救国军第五军，廖容标任司令员，姚仲明任政委，赵明新任政治部主任，马耀南任临时行动委员会主任。12 月 29 日，中共鲁东工委和寿光县委领导、发动寿光牛头镇起义，成立八路军鲁东游击队第八支队，马保三任指挥，韩明柱任副指挥，张文通任政委。1938 年 1 月 27 日，中共鲁东工委又在潍县蔡家栏子发动抗日武装起义，组建八路军鲁东游击队第七支队。临淄、广饶、博兴、益都、高苑等县党组织也发起组建抗日武装。抗日斗争的烽火很快在小清河流域形成燎原之势。

1938 年春，由于日本侵略军急于南犯，后方兵力空虚，在清河流域仅占领少数城镇和铁路干线，各地党组织和抗日武装得到迅猛发展。抗日救国军第五军取得夜袭长山城、小清河伏击日军汽艇及三官庙阻击战等几次战斗胜利，声威大震，影响日益扩大。

七、八支队东进胶东前夕，中共鲁东工委书记季方华被混入内部的坏分子杀害。工委其他成员大都随军东下，中共鲁东工委领导机构自行解体。1938 年 5 月，中共山东省委决定，建立中共清河特委，霍士廉任书记，负责领导博兴、广饶、寿光、益都、潍县、昌邑、博山、淄川、临朐、邹平、长山、临淄、桓台、章丘、历城、齐东、高苑、青城等县党的组织，创建清河区抗日根据地。1944 年初，清河区与冀鲁边区合并为渤海区。

（3）胶东、清河两根据地协同作战需要

抗战时期，胶东、清河抗日根据地都面临着日伪军的严密封锁和“扫荡”。因此，两地需要保持高度的战略协同，共同应对敌人的进攻。通过联合行动，可以有效地牵制和消耗敌人的有生力量，为其他抗日根据地的发展创造有利条件。

就这样，“渤海走廊”应运而生。它位于“三北”渤海莱州湾南岸，东起胶莱河，西至寿光东北部榆树园子村一带，东西长约 120 里，南北宽 10 余里，包括 100 多个村庄。就像一条带子，两头分别连接胶东和清河抗日根据地，一度是胶东通往清河进而转去鲁中的唯一交通要道。中共山东分局和中共胶东区委等机关，通过这条通道输送了大量干部、黄金和军用物资。在整个抗日战争时期，由于抗日军民的顽强斗争，这条通道始终发挥着极其重要的作用。

“三北”地区是我党在第一次国内革命战争时期和土地革命战争时期开展农民运动的重要地区。这里的人民有着光荣的革命传统。早在 1938 年 5 月，鉴于当时局势，中共山东省委就指示胶东特委：要尽快打通胶东与鲁中、胶东与清河的道路，在胶东万一站不住脚时，可以将胶东的武装撤到鲁中地区或清河地区。根据这一指示，胶东特委于 8 月指挥山东人民抗日救国军第三军西进，攻占掖县西部的沙河镇。接着，又组织东方工作团到“三北”地区活动。12 月，胶东区党委成立后，即派梁辑卿到昌邑、潍县北部开展工作，发展党的组织，组建抗日武装，确保胶东与山东分局及中央的沿海交通。梁辑卿到昌潍后，组建中共胶北特委，领导昌邑、潍县人民开展抗日斗争。

1939 年 1 月，胶北特委指挥部成立，刘光汉任指挥，陈龙飞任副指挥，梁辑卿兼任政委，统一指挥陈龙飞部两个中队和昌邑北海大队。2 月底，胶东区党委命胶北特委指挥部所属部队升级去胶东，编为五支队二十一旅六十四团，陈龙飞任团长，翟瑞符任政委。

胶北特委指挥部所属部队升级后，日伪顽再次乘虚而入，昌北根据地大部变为敌战区，开始好转的抗日形势又急转直下。胶北特委又把组建地方抗日武装作为中心任务，决定由特委书记梁辑卿去胶东区党委要武器。胶东区党委指示胶北特委“自己武装自己”，只拨给 2000 元，作为购买武器的经费。梁辑卿回到昌邑后，立即着手在潍河以东的西董村一带筹建抗日武装，于 5 月组建起胶北特委警卫连（亦称独立连）。

同年春，管锦堂在胶东学习后回到昌邑，与原七、八支队留守处的孙传普取得联系后，同陈乃忠利用孙传普收藏的一批枪支，在瓦城一带组建了抗日游击小组。不久，管锦堂又在灶户一带开展活动，拉起一支武装。

陈乃忠等仍在瓦城一带。昌邑北部形成了多股抗日武装并存的局面。

同年 6 月中旬，胶东区党委为了帮助昌邑打开抗日局面，派五支队六十四团三营到昌邑北部开展活动。6 月 17 日，新河等据点的日伪军闻讯后，出动 200 余人自潍河以东向驻在潮海村的该营发动袭击。该营在管锦堂带领的抗日武装力量的配合下，充分利用熟悉地形的优势英勇反击，激战约两小时，挫败了敌人的猖狂进攻。

潮海战斗后，胶东区党委派军事干部徐子安、车学藻等来昌邑，加强抗日武装力量的领导。同年夏天，根据胶东区党委的指示，徐子安、车学藻等将特委警卫连和潍河以西的抗日武装合编为胶北特委独立营，徐子安任营长，车学藻任政委，王发起任副营长。

1939 年 7 月，胶北特委撤往胶东，并随即撤销。根据胶东区党委指示，成立中共昌潍中心县委，胶北特委独立营改为昌潍独立营，由县委直接领导。县委军事部长徐子安兼任独立营营长。独立营政委车学藻在龙池突围后不久即回胶东，由褚秋凤接任。褚任职时间很短就被调回胶东，由管锦堂继任独立营政委。在昌潍中心县委的领导下，昌潍独立营不断发展壮大，成为一支编制为三个连、指战员 300 余人的抗日武装。

1940 年春，昌潍独立营升级为主力部队，调离昌潍。此后，“三北”地区形势又趋紧张。1940 年上半年，日伪军在“三北”地区四处横行。中共昌潍中心县委书记王炳亮、副书记李毅先后牺牲，我方交通线受到威胁。

“渤海走廊”北面是海，南面是日伪顽占领区，西面有日伪侯镇、羊角沟两大据点以及郑家庄、央子、宅科、李家湾、宋家庄、道口等小据点。上述据点沿寿（光）羊（角沟）公路排列，把“渤海走廊”与清河抗日根据地分开，东面与大泽山抗日根据地之间有日伪沙河、夏邱堡据点和国民党占领区相隔。

1940 年 4 月，日军集中力量对鲁南、胶东等抗日根据地进行“扫荡”。山东各根据地之间的联系愈加困难。6 月，滨海地区莒日公路以北被日伪顽占领，胶东至山东分局（驻沂蒙山区）的诸（城）莒（县）沂（水）交通线中断。至此，“渤海走廊”成为胶东与清河根据地进而与鲁中联系的唯一交通要道。

8 月，为密切山东党组织的上下联系，克服敌人“扫荡”导致我方根据地之间联系的困难，山东分局指示山东各地党组织“加强对战时交通工作的组织和领导”。随后，又指出：“必须将各个根据地作联成一片的发展，才能消除孤立与不巩固现象。”在此情况下，胶东区党委加强对交通工作的领导。一是健全了交通工作机构，区党委和下属各地委都设立了交通科，并配备、充实了干部；二是组建了交通部队，专门负责执行交通护送任务。与此同时，区党委采取有力措施，加强了我党在昌潍地区的力量。9 月，帮助昌潍中心县委组建了昌潍游击大队，从胶东五旅调林瑞伍、于光华分别担任大队长和政委。

昌潍游击大队初建时，共有干部战士 200 余人，分为三个中队。其中，两个中队是在昌邑组建的，其武器装备全部由胶东区党委配发。10 月，胶东区党委派巡视团到昌潍巡视检查工作。随后又调整昌潍地区的领导机构，并派邢明、黄海岩等到昌潍工作。此时，党的多项工作发展很快。1941 年 2 月，昌邑县抗日民主政府在瓦城正式成立，选举黄海岩为县长。至此，昌潍北部抗日根据地已初步形成。

随着根据地的逐渐巩固，胶东与清河、鲁中之间的交通状况得到很大改善和发展，路过的干部和部队可以在根据地落脚休息。因此，山东分局以及胶东、清河两区的党政领导同志开始称“三北”地区为“渤海走廊”。

“渤海走廊”横跨三个县，昌潍根据地是它的主体，其中心在昌北。“渤海走廊”形成巩固后，胶东与鲁中和清河的联系更加密切。主要表现在：一是大量干部通过“渤海走廊”来往于胶东和鲁中。这些干部中，有胶东派赴山东分局和中央学习、受训、参加会议或执行其他任务的，有分配调动工作的，也有机要交通人员，还有到胶东检查指导工作的上级领导同志。二是胶东每年有相当数量的黄金、货币和药品、军火等物资通过“渤海走廊”运往鲁中，进而转运至延安。山东分局也有文件、印刷品等送往胶东。三是胶东与清河、鲁中之间部队通过“渤海走廊”跨区调动。如 1941 年 2 月，许世友率清河独立团赴胶东参加反投降作战，以及同年 9 月胶东抗大支校校长贾若瑜带山东纵队五旅青年营去鲁中，都是通过“渤海走廊”。

当时，往来“渤海走廊”的干部大都有部队护送，其行动具有一定规律：西行，一般是先到大泽山根据地，天黑以后出山区，一夜间行程近百里。从平度夏邱堡和沙河日伪据点以北，穿过顽军占领区到达昌北。在昌北休息一两天，通常住下营、瓦城、龙池、渔尔堡、赵家、大阎家等村。然后，通过潍北，到达寿光境内的榆树园子村一带。在此稍作休息，天黑以后即从央子、宅科两村附近越过敌人封锁线，进入清河抗日根据地。东行，天亮前从清河抗日根据地出发，越过封锁线。当天行至昌北，休息一两天后，再趁黑夜插到大泽山。遇到日伪军“扫荡”陆路交通危险时，即走海路：从下营上船，东行一般在掖县黑港口上岸，西行到达垦利。胶东至清河段的交通主要由山东纵队第五旅交通营负责护送，昌潍地方部队有时也担任护送任务。从清河至鲁中段的交通护送由清河部队负责。

由于战争的需要，大量的战略物资需要在各抗日根据地之间进行运输。胶东和清河抗日根据地之间的“渤海走廊”交通线成为运输这些物资的重要通道。通过这条通道，可以将急需的弹药、粮食、药品等物资运送到前线，为抗战提供有力的物质保障。除了战略物资，两地之间还需要进行经济互助。如胶东地区盛产海产品等物资，而清河地区则可能拥有其他丰富的农产品或手工业品。通过物资交流，可以实现优势互补，促进两地经济的共同发展。

为了加强各抗日根据地的领导力量，胶东和清河抗日根据地之间需要进行干部交流。通过互派干部到对方根据地工作和学习，可以提高干部的领导能力和工作水平，为抗战培养更多的优秀人才。1938 年 4 月，我党在胶东领导创建了蓬（莱）黄（县）掖（县）抗日根据地。此后，胶东党组织与中共山东省委（1938 年 5 月，中共中央决定将山东省委扩大为苏鲁豫皖边区省委，同年12月改建为中共中央山东分局）之间的联系逐渐密切。5月，苏鲁豫皖边区省委为加强胶东党和军队的领导，派遣来自延安的王文、高锦纯等人去胶东工作（王文任胶东特委书记，高锦纯任胶东军政委员会主席、山东人民抗日救国军第三军总指挥）。1938年8月，持毛泽东亲笔信的尉迟仁经省委赴胶东执行任务；1939年11月，山东分局负责人黎玉到胶东视察工作，都是通过“渤海走廊”。当时，胶济铁路东段日伪军控制比较紧，无论是中央、省委的干部去胶东，还是胶东的同志到上级机关，都要途经清河地区和“三北”地区。

3. 交通线建设的“黄金”位置

在波澜壮阔的抗日战争历史画卷中，渤海走廊交通线犹如一条闪耀着光辉的生命线，蜿蜒于山东半岛北部。它的建设处于黄金位置，在那段艰苦卓绝的岁月里发挥了不可磨灭的关键作用。

（1）战略位置得天独厚

渤海走廊交通线连接着胶东、清河和鲁中抗日根据地，其地理位置的战略意义重大。这三大根据地在抗日战争中各自发挥着举足轻重的作用，而“渤海走廊”交通线则成为它们之间沟通的关键纽带。

从胶东地区来看，这里物产丰富，拥有较为发达的渔业和农业资源。同时，胶东地区也是重要的抗日武装力量的集结地之一，拥有强大的军事力量和坚实的抗日群众基础。通过“渤海走廊”交通线，胶东地区的物资可以源源不断地输送到其他根据地，为整个抗日斗争提供有力的支持。

清河地区地处交通要冲，是连接山东各地的重要枢纽。其地理位置决定了它在情报传递、人员转移等方面具有独特的优势。“渤海走廊”交通线经过清河地区，使得这里成为抗日信息交流的重要节点，各种情报在这里汇聚、传递，为抗日决策提供了重要依据。

鲁中地区作为山东抗日根据地的核心区域，拥有雄厚的政治、军事和经济实力。“渤海走廊”交通线将鲁中地区与其他根据地紧密相连，使得各根据地之间能够相互支援、协同作战，共同抗击日本侵略者。

“渤海走廊”交通线所处的位置，使其能够在三大根据地之间形成有效的战略联动。在日军对某一根据地进行大规模“扫荡”时，其他根据地可以通过这条交通线迅速派遣兵力支援，共同抵御日军的进攻。同时，物资和情报也可以在各根据地之间快速流通，提高了抗日斗争的效率和灵活性。

（2）地理环境优势明显

“渤海走廊”所在的区域地理环境复杂多样，这为其在抗日战争中发挥作用提供了有利条件。首先，该区域靠近渤海。一方面，海洋成为天然的屏障，限制了日军从某些方向的进攻。日军的机械化部队在面对广阔海洋时，难以发挥其优势。另一方面，在必要时，抗日武装可以通过海上运输与其他地区进行联系，为物资运输和人员转移提供另一种途径。例如，在紧急情况下，一些重要物资可以通过小型渔船从胶东地区运往清河和鲁中地区，避开日军在陆地上的封锁。其次，该区域地形包括平原和湿地。平原地区便于快速通行，使得物资运输和人员转移能够较为迅速地进行。抗日武装可以利用平原地区的道路和交通网络，快速调动兵力，应对日军的进攻。而湿地则成为天然的防御屏障，日军的机械化部队在湿地中行动困难，大大减缓了他们的推进速度。抗日武装可以利用湿地的复杂地形进行游击战，出其不意地打击敌人。

此外，该区域还有河流、芦苇荡等自然地形。河流可以作为防线，阻挡日军的进攻。抗日武装可以在河流两岸设置防御工事，利用河流的阻隔作用，抵御日军的攻击。芦苇荡则为抗日武装提供了隐蔽和伏击的场所。抗日战士可以隐藏在芦苇丛中，伺机对日军进行袭击，给日军造成重大损失。

（3）资源丰富保障有力

“渤海走廊”周边地区物产相对丰富，为抗日斗争提供了重要的物资保障。农业方面，这里土地肥沃，适宜种植多种农作物。粮食作物如小麦、玉米、高粱等产量较高，为根据地军民提供了基本的食物来源。同时，蔬菜、水果等农产品也较为丰富，满足了人们的生活需求。在抗日战争时期，通过“渤海走廊”交通线，这些农产品可以从周边地区运往各抗日根据地，保障了根据地军民的日常供应。

渔业资源也是该地区的一大优势。靠近渤海的地理位置使得这里拥有丰富的海洋渔业资源。鱼类、虾类、贝类等海产品不仅为当地居民提供了食物，还可以通过交通线运往其他根据地，丰富抗日军民的饮食。此外，渔业资源还可以作为一种贸易物资，与其他地区进行交换，换取所需物资和武器。

同时，当地的人力资源也为“渤海走廊”的建设和保卫提供了有力支持。广大群众积极参与交通线的建设和保障工作，他们担任运输员、情报员、担架队员等，为抗日斗争贡献自己的力量。在物资运输过程中，当地百姓用自己的马车、牛车甚至人力搬运，将物资从一个地方运送到另一个地方。在情报传递方面，群众利用各种方式，如口头传递、暗号传递等，将重要情报及时送达抗日武装手中。他们的勇敢和奉献精神，为“渤海走廊”交通线的畅通无阻提供了坚实的保障。

第三节　“渤海走廊”的保卫

“渤海走廊”建成时，正值抗日战争进入最艰苦最困难的时期。面对日伪军重兵压境、据点林立、反复清剿的极端险恶环境，为粉碎敌人扼杀“渤海走廊”的图谋，中国共产党领导抗日军民展开了一场部署周密、多措并举的保卫战。为了巩固“渤海走廊”，我党采取了以下措施。

一、成立寿潍二边办事处

建立高效专业的交通指挥枢纽是首要之务。1941 年 2 月，根据上级指示，清河区清东地委在寿光县北部榆树园子村一带果断成立寿潍二边办事处。该机构以寿光九区北部为稳固基地，专门负责组织、协调和保障穿越“渤海走廊”的部队、干部的接送转移工作，确保其绝对安全，肩负着重要使命。办事处组建了精干的武装交通队，选拔熟悉当地复杂地形与潮汐规律的可靠人员担任向导，精心规划多条秘密路线，并建立快速预警机制。清河区党委对此极为重视，多次下达严令，要求办事处“想尽一切办法，不惜一切代价”，务必确保“渤海走廊”这条生命线的持续畅通。办事处在极端困难条件下，克服重重险阻，出色完成了大量人员护送任务，成为走廊运行的“神经中枢”。

二、建立地下联络站

面对日伪军频繁的军事袭扰，构建灵敏可靠的地下情报与联络网络成为当务之急。为此，昌邑县委抽调二十余名政治坚定、经验丰富的县、区级干部和独立营战士，专职负责情报搜集、传递与各节点间的联络协调。他们在关键位置和交通节点，如郭疃、青乡、柳疃、夏店、东冢等具有战略意义的村庄，秘密设立多个地下联络站。这些联络站往往依托可靠的群众基础，其负责人绝大多数由当地忠诚可靠的党员干部担任。他们以各种公开职业为掩护，扎根于群众之中，形成了一张无形而坚韧的情报网。这些站点不仅负责传递信息、预警敌情、引导转移，还承担着沟通上下、协调行动的重要功能，是应对敌人“扫荡”和“蚕食”、保障“渤海走廊”安全的“耳目”与“纽带”。

三、加强根据地的政权建设和群众工作

巩固“渤海走廊”所依托的根基，关键在于加强民主政权建设和深入发动群众。1941 年 2 月，昌邑县抗日民主政府成立，标志着昌北根据地建设进入新阶段。中共昌邑县委在其控制区域内实施了一次具有历史意义的全民普选。通过广泛动员和民主程序，选举产生深受群众信任的区、乡、

村各级行政机构的领导成员，并建立县、区、乡三级参议会，广泛吸纳各阶层代表参政议政。据统计，仅在昌邑北部沿海的四个区，就选举产生行政委员 525 名，正、副村长 210 名；乡参议员 105 名，乡行政委员 397 名，正、副乡长 30 名；区参议员 186 名，行政委员 37 名，正、副区长 7 名。这场普选极大地凝聚了人心，从政治上团结了包括农民、工人、开明士绅、知识分子在内的各阶级阶层，充分调动了根据地内部的积极因素，显著巩固和扩大了抗日民族统一战线。与此同时，昌邑县各级党组织以极大的热忱投入群众工作，在广泛发动和组织群众的基础上，领导各区、乡、村普遍建立各界抗日救国会，作为团结各阶层民众共同抗日的统一阵线组织。更关键的是，大力发展了群众性的抗日武装——自卫团组织。其组织架构严密，通常以区为单位组建抗日自卫联防团，以乡为单位组成抗日自卫联防大队，以村为单位成立抗日自卫联防中队或小队。这种层级分明、扎根基层的武装组织形式，将广大青壮年农民有效地组织武装起来。截至 1941 年春季，全县的基干自卫团员人数已迅速发展到 5000 余人，在至关重要的“渤海走廊”地带，真正形成“村村有民兵、乡乡有联防”的铜墙铁壁格局。民主政权的有效运转和群众抗日武装的蓬勃壮大，从根本上夯实了根据地的社会基础，极大地增强了抵御敌人进攻和维护“渤海走廊”安全的能力。

四、充实昌潍军政力量

为进一步增强“渤海走廊”区域的军事和政治力量，提升对敌斗争强度，1941 年秋，上级党组织作出重要部署。山东分局直接指示胶东区委，要求其务必选派一批政治过硬、能力突出的得力干部，火速加强昌潍根据地的领导核心，确保“渤海走廊”战略通道万无一失。与此同时，山东军政委员会也向八路军山东纵队第五旅发出电令，严令其必须从主力部队中抽调具有丰富战斗和指挥经验的干部，充实到昌潍地区的地方武装中去，以显著加强地方武装的军事指挥、政治工作和实战能力，更有效地开展对敌斗争。根据这两项指示，胶东区党委迅速行动，先后派出刁一民、李力超、宫愚公、罗平等一批优秀军事干部。他们克服艰难险阻抵达昌邑，并立即肩负起当地党、政、军的主要领导职务。这批骨干力量的到来，如同为昌潍根据地注入了强心剂，迅速提升了该地区的组织领导水平、军事斗争能力和整体凝聚力。

五、统一“渤海走廊”地区的领导

一个制约走廊高效运转的深层次问题日益凸显，即“渤海走廊”跨越的区域在行政上分属胶东区和清河区两个战略区管辖。这种“两区共管”的局面导致了指挥体系不统一、资源调配不协调、责任边界不清晰等问题，严重影响“渤海走廊”保卫工作的整体效能。为解决这一体制性障碍，1942 年 7 月，山东分局和山东军政委员会审时度势，果断作出重大战略调整：决定将原属胶东区的潍县、昌邑县正式划归清河区统一领导。这一决策初步理顺了走廊区域的隶属关系。为进一步整合力量、优化管理，同年 12 月，清河区党委作出具体部署：成立一个新的县级行政单位——寿潍县。将原属寿光县的第九区、第十区以及原属潍县的第四区、第五区，一并划归新成立的寿潍县管辖。1944 年 3 月，中共渤海区委、行署进一步决定将昌邑县与寿潍县合并，成立昌潍县，实现了“渤海走廊”核心区域行政建制的完全统一。这一系列重大调整，最终使得整个“渤海走廊”地区完全置于清河区清东地委和行署的集中统一领导之下。体制障碍的破除，彻底消除了过去因分属不同战略区而出现的推诿掣肘、步调不一的现象，实现了人力、物力、财力的统一调配和军事行动的协同指挥，极大地提高了走廊保卫工作的整体效率和反应速度。

第四节　“渤海走廊”建设的历史意义

“渤海走廊”是抗日战争时期中国共产党在山东昌邑、潍县、寿光三县北部开辟的战略交通线，作为抗日战争时期胶东根据地连接清河、鲁中及延安的“红色生命线”，在战略物资运输、跨区域兵力调度、领导干部护送三大核心领域发挥了不可替代的作用。本节通过分析其战略地位、军民协作机制及抗战贡献，揭示其作为“红色生命线”的历史意义。研究表明，“渤海走廊”不仅保障了山东乃至全国抗战的物资与人力调配，更以军民血肉铸就的精神丰碑，成为中国共产党领导力与群众路线的生动实践。其高效运转不仅摆脱了日伪军的封锁困境，更以军民协同的钢铁意志铸就了抗战史上的传奇。

一、夹缝中的“红色突围之路”

1. 遭遇日军封锁，“渤海走廊”成为胶东的唯一希望

1937年，日军铁蹄踏入山东后，一张精心设计的军事绞杀网缓缓铺开。日军以“以铁路为柱、公路为链、据点为锁”的“囚笼政策”，妄图将齐鲁大地的抗日力量困死在牢笼之中，渤海之滨的抗日斗争由此进入至暗时刻。

在这场封锁战中，胶济铁路成为日军掐断胶东命脉的首要目标。1939年，日军完全控制了这条贯穿山东的交通动脉，沿线每隔数公里便设立据点，200余座碉堡如同狰狞的怪兽，俯视着这片土地。他们驱使劳工挖掘深达3米、宽逾4米的壕沟，壕沟内布满竹签与铁丝网，壕沟间的瞭望塔日夜监视，将胶东与鲁中的“滨海通道”彻底切断。呼啸而过的日军列车不仅运输着武器与兵力，更成为割裂抗日根据地的利刃。

海上封锁同样密不透风。渤海湾上，日军巡逻艇劈开冰冷的海浪，尖

锐的汽笛声划破长空。龙口、羊角沟等港口沦为敌寇的前沿据点，日军在码头筑起钢筋混凝土工事，架设重型机枪，对过往船只严加盘查。渔民的木帆船被扣押、焚毁，商船被迫改道，胶东赖以生存的海上补给线被彻底掐断，海岸线从昔日的希望之源变成禁锢抗日军民的锁链。

当“点线控制”难以彻底扑灭抗日烽火，日军于 1941 至 1943 年发动更为残酷的分区“扫荡”。他们采用“拉网式扫荡”与“铁壁合围”战术，在胶东大地上展开地毯式搜索。日伪军组成的“梳篦队”如同蝗虫过境，所到之处，村庄被焚毁，百姓遭屠戮。他们妄图将抗日力量驱赶到海岸线的狭窄区域，再以优势兵力一举歼灭。在掖县、莱阳等地，无数抗日军民被围困，面对敌人的枪炮与刺刀，宁死不屈。

在这生死存亡的关头，“渤海走廊”如同黑暗中的一丝曙光，成为胶东根据地“向北突围、向西联通”的唯一希望。这条仅 10 余里宽的狭长通道，承载着胶东军民的全部期盼。中共山东分局书记朱瑞将其誉为“胶东的生命线，也是山东抗战的生命线”。正是这条布满荆棘的通道，支撑着胶东根据地在日军的重重封锁下顽强屹立，成为传递战略物资、输送兵力干部的关键通道，为抗战胜利保留了珍贵的火种。

2. 军民团结一心，构建全方位立体防御体系

在渤海走廊这片盐碱滩涂之上，昌北军民以智慧与血肉筑起抵御外敌的“立体长城”。面对平原无险可守的困局，他们创造性地构建起集交通、防御、生产于一体的“立体防御体系”，在抗日战争史上写下浓墨重彩的一笔。

1941 至 1942 年间，20 万群众响应号召，在渤海之滨展开气壮山河的“地下工程”建设。他们挥锹舞镐，日夜奋战，挖掘出总长逾 700 公里的“抗日沟”。这些深 2 米、宽 1.5 米的沟壑纵横交错，将村落串联成“地上无道路、地下有通途”的地下迷宫。寒风中，男人扛枪参战保家园，妇女儿童也撑起“半边天”，一筐筐泥土被运出，一道道深沟逐渐成形。“抗日沟”的交叉路口设有便于射击与回旋的转盘，长沟还设计了曲折拐弯，有效抵御敌人火力。自此，日军的机械化部队在这片地下网络面前举步维艰，而抗日军民却能如鱼得水，神出鬼没地打击敌人。

堡垒村体系的建立，更是将全民抗战推向高潮。北赵村、营子村等 20 余个村庄化身“红色堡垒”，村民自发组建护粮队、担架队、情报队。赵大娘冒死营救党员孙治中，魏大娘舍生掩护区委书记转移……这些真实故事，让“村村是堡垒、户户有战士”的防御格局深入人心。

为打破日军经济封锁，昌北军民掀起“大生产运动”，在盐碱地上建起辛安庄酿酒厂、柳疃枪弹修造厂等生产据点。他们以顽强的毅力实现粮食自给率 80%、弹药自给率 50%，构建起自给自足的经济生命线。

“渤海走廊”地处“三北”沿海，开阔地势本是抗日军民反“扫荡”的阻碍，但昌北根据地军民因地制宜，改造地形地貌。昌潍一带，昌潍独立营从日军挖壕行动中获得灵感，组织军民挖掘“抗日沟”。当 1942 年春日的阳光洒在完工的“抗日沟”上，群众欢呼雀跃，“使劲挖来使劲掘，宁流汗来不流血”“抗日沟抗日沟，村村相连沟沟通；敌人来了把圈子兜，能打我就打，不打我就走”等顺口溜在村庄间传唱，道出了军民的坚定信念与乐观精神。曾经日军肆意“扫荡”、随意合围的平原，如今因“抗日沟”的存在，成为令敌人胆寒的“死亡陷阱”，而“渤海走廊”也在军民的共同守护下，成为牢不可破的生命防线。

二、成功运输战略物资，摆脱封锁困境

1. 为党中央输送黄金，有力支撑抗战大局

胶东招远，这片蕴藏着“地下金库”的土地，在抗战烽火中成为维系党中央经济命脉的关键节点。作为全国主要黄金产地，其产量在战时一度占到全国的 89%，战略价值无可替代。而“渤海走廊”这条由军民血汗铸就的战略通道，毅然肩负起将胶东黄金安全输送至延安的神圣使命，成为

支撑抗战大局的“红色血管”。

在 1939—1942 年那段艰苦卓绝的岁月里，“渤海走廊”上演着惊心动魄的黄金转运传奇。16 万两黄金从招远矿区秘密启运，经由这条狭窄的战略通道分批转运至山东分局，其中 13 万两最终跨越重重封锁安然抵达延安。在日伪军严密的经济封锁与疯狂围剿下，如此庞大的黄金运输任务竟实现“零丢失、零叛逃”，堪称战争史上的奇迹。这些黄金是为党中央突破经济困境、保障军需供给注入的“救命血”，有力支援了全国抗战的大局。

黄金输送之路布满荆棘，每一步都暗藏杀机。为躲避日伪军的盘查搜捕，胶东军民发挥无穷智慧，精心设计出一套套隐蔽运输方案。战士们将黄金熔铸成便于携带的小块，巧妙藏匿于特制的夹层衣物、空心扁担、双层鞋底之中，每人携带 10 到 20 两，化整为零，分批秘密护送。

由于胶济铁路东段日伪封锁严密，1939 至 1942 年胶东运往山东分局的黄金大都经过“渤海走廊”。1940 年秋，胶东蓬黄战区党政军委员会书记、指挥部政委曹漫之带领 800 人的精干团去山东分局，将一批黄金分给每个战士，战士们将黄金装在特制的衣服里，每人带 10 两、8 两不等，在清河区部队的护送下，安全经过“渤海走廊”，到达山东分局。1940 年冬季，胶东抗大支校校长贾若瑜率领两个营的部队，护送 3 万多两黄金前往山东分局。他回忆说：“当时胶东支援抗战的黄金等物资是通过‘渤海走廊’和‘滨海通道’秘密送到中共山东分局或山东军区、山东省战时工作推行委员会、鲁南区委，之后转运至延安。”“据不完全统计，抗战期间，招远人民为我党我军贡献很多黄金。仅 1940 年，工会书记苏继光和陈文其等人就秘送黄金至延安达 2 万两。累计达到 13 万两。”

在凛冽的寒风中，队伍沿着“抗日沟”蜿蜒前行，沟内泥泞湿滑，寒气刺骨，但战士们紧紧护住怀中的黄金，不敢有丝毫懈怠。遇到日伪军巡逻，他们便迅速隐蔽在沟道的转盘处或拐弯角落，屏息凝神等待危机过去。凭借对地形的熟悉与“抗日沟”的掩护，这支肩负重任的队伍巧妙周旋，与敌人斗智斗勇，最终成功突破层层封锁线，将黄金安全送达目的地。像这样惊心动魄的护送行动，在“渤海走廊”的黄金运输史上还有无数次，每一次都凝聚着军民的智慧与勇气，见证着他们对革命事业的无限忠诚。

2. 提供多维物资保障，成为抗战生命补给线

在黄金之外，“渤海走廊”犹如一条永不停歇的“红色传送带”，构建起覆盖多品类物资的立体运输体系，以源源不断的后勤补给，支撑起胶东、清河、鲁中根据地的抗战伟业，成为维系抗日军民生存与战斗的“生命补给线”。

基础物资的运输，承载着万千军民的生存希望。每年，超过 50 万斤粮食、20 万斤棉花、10 万斤食盐从渤海走廊悄然过境。粮食的运输充满艰辛，战士与群众将粮食用防水油纸层层包裹，藏在装满柴草的推车底层，或是混在渔民的渔获中。当推车碾过盐碱地的崎岖小道，车轮深陷泥泞，他们便肩扛手推，在月光与星光下默默前行；棉花的运输常需拆解成小份，塞进破旧棉衣的夹层，他们扮成走街串巷的商贩，穿越敌人的重重关卡；食盐则被巧妙伪装成普通的白色粉末，装在看似寻常的陶罐里，以躲过日伪军贪婪的搜查目光。这些基础物资的持续供应，如同涓涓细流，滋养着根据地百姓与战士们的生命，让他们在艰苦的抗战岁月中得以坚守。

战略物资的运输与生产，为前线将士注入克敌制胜的底气。“渤海走廊”沿线的地下兵工厂，如柳疃枪弹修造厂，成为制造战略物资的“秘密堡垒”。工人们冒着生命危险，收集废弹壳、铜钱等原料，在昏暗潮湿的地窖里，凭借简陋的工具，将它们熔铸成步枪子弹、手榴弹。每一颗子弹、每一枚手榴弹，都凝聚着匠人们的智慧与热血。这些自制弹药年均超 10 万发，源源不断地输送到前线，成为打击日寇的有力武器。药品的运输更是关乎伤病员的生死。面对日伪军对医药用品的严密封锁，运输人员伪装成运送山货的挑夫，将珍贵的奎宁、盘尼西林等药品藏在特制的竹筒里，翻山越岭，昼夜兼程。为了躲避敌人的检查，他们甚至会将药品贴身携带，用体温守护这些“救命良药”，极大地缓解了根据地医疗资源匮乏的困境。

特殊物资的运输，彰显出胶东军民的智慧与创造力。利用盐碱滩夜间低温的独特环境，运输队巧妙地将疫苗等易腐物资藏在装满冰块的特制木箱中，木箱外裹上厚厚的棉被保温，趁着夜幕掩护，在曲折的“抗日沟”中悄然前行。一旦遇到敌人巡逻，他们便迅速将木箱沉入附近的盐池，待危险过去再打捞起来。这种与时间赛跑、与敌人周旋的运输方式，确保了胶东防疫体系的正常运转，为根据地的稳定发展筑牢了健康防线。

每一次物资运输，都是一场没有硝烟的战斗；每一件物资抵达，都凝聚着无数人的心血与牺牲。“渤海走廊”以其多维的物资保障，构筑起坚不可摧的抗战后勤体系，为抗日战争的最终胜利奠定了坚实基础。

三、协助跨区调兵，为山东战区胜利提供了坚实保障

1. 保障胶东兵力输出，持续巩固战略后方

“渤海走廊”宛如一条涌动着革命热血的“红色动脉”，在抗战岁月中，源源不断地为各战区输送着胶东抗日武装的有生力量，成为巩固战略后方的关键纽带。

1938 年 4 月，硝烟弥漫的齐鲁大地，八路军鲁东游击队第七、八支队约 2000 名将士，迎着凛冽的海风，沿着“渤海走廊”东进胶东。这支队伍肩负着开辟新战场的使命，行军途中，战士们昼伏夜出，巧妙避开日伪军的眼线，穿越盐碱滩涂与芦苇荡。当他们抵达胶东与当地部队合编后，立刻投入激烈的战斗中。在牙山反“扫荡”战役里，战士们凭借灵活的游击战术，与数倍于己的敌人周旋，在山林间设伏、突袭，打得日寇晕头转向；于大泽山根据地建设中，他们与群众并肩作战，修筑工事、训练民兵，将大泽山打造成为坚不可摧的抗日堡垒。此次兵力支援，让胶东抗日武装规模扩大了三倍，极大地增强了胶东地区的抗日力量，为后续抗战胜利奠定了坚实基础。

1941 年，清河根据地陷入日军“铁壁合围”的危局。胶东军区迅速抽调一个主力团，通过“渤海走廊”紧急驰援。这支精锐之师，冒着被敌人发现的危险，星夜兼程。他们巧妙利用“抗日沟”隐蔽前行，在夜色掩护下快速穿插。抵达清河后，主力团立即投入战斗，与清河军民紧密配合，在战场上撕开日军封锁线的缺口，以顽强的战斗意志和灵活的战术，成功粉碎日军“铁壁合围”的阴谋，为清河军区解了燃眉之急，稳固了清河根据地的防御态势，成为扭转战局的关键力量。

2. 战略反攻阶段，成为决胜山东战场的跳板

解放战争时期，“渤海走廊”再次彰显其无可替代的战略价值，成为胶东部队参与重大战役、决胜山东战场的关键跳板。

1948 年，潍县战役的号角即将吹响。胶东纵队 3 万余名将士秘密集结，沿着“渤海走廊”悄然进发。为了保证战役的突然性，部队在夜间行军，月光洒在盐碱地上，映照着战士们坚毅的脸庞。他们保持着高度的纪律性，悄无声息地穿越敌人的封锁区域，成功与鲁中部队会合，完成对潍县的合围。在战斗中，胶东纵队充分发挥自身优势，与兄弟部队密切配合，一举切断国民党军胶济线交通，斩断了敌人的运输命脉，为潍县战役的胜利立下赫赫战功。

同年，济南战役的战幕拉开。胶东军区输送的 2 万新兵，怀揣着保家卫国的信念，通过“渤海走廊”奔赴前线。这些新兵经过短暂而严格的训练，迅速成长为合格的战士。他们抵达战场后，立即投入激烈的攻城战斗中，成为攻城部队的重要组成部分，兵力占比达总兵力的 1/4。在济南城头，他们不畏枪林弹雨，奋勇向前，与老战士们并肩作战，以顽强的战斗精神和无畏的牺牲勇气，为济南战役的最终胜利提供了坚实的兵力保障，为解放山东作出了不可磨灭的贡献。

四、护送领导干部，联通抗战指挥体系

在烽火连天的抗战岁月里，“渤海走廊”不仅是物资与兵力输送的生命线，更成为维系抗战指挥体系运转的“神经中枢”。这条蜿蜒于盐碱滩涂间的战略通道，通过护送领导干部、传递关键情报、构建干部培训链路，将延安的战略决策与地方抗战实践紧密相连，为夺取抗战胜利注入强劲动能。

1. 实现中枢与地方的双向联通

“渤海走廊”犹如一条看不见的红色丝线，精密编织起延安、山东分局与胶东之间的干部流动网络。1940 至 1943 年，在整风运动与“七大”筹备的关键时期，200 余名胶东地区党政军骨干肩负使命，踏上前往延安的征程。胶东区党委书记林浩便是其中的典型代表。他带领干部队伍昼伏夜行，在芦苇荡与盐碱地间穿行，巧妙避开日伪军的岗哨与巡逻。面对敌人频繁的封锁与搜查，他们将重要文件藏于棉衣夹层，扮成商人、渔民或流民，凭借着坚定的信念和灵活的应变能力，突破重重关卡，最终顺利抵达延安。这些干部在延安汲取先进思想与战略智慧，为胶东地区后续的抗战工作积蓄力量。

与此同时，“渤海走廊”也成为中央战略决策落地的重要通道。中央及山东分局选派黎玉、许世友等重要干部，经此通道奔赴胶东前线。1941 年，许世友率清河独立团踏上“渤海走廊”，彼时的胶东，抗日力量分散，局势胶着。为确保行动隐秘，部队选择在月黑风高之夜出发，沿着“抗日沟”快速穿插，战士们脚底沾满泥泞，却步伐坚定。抵达胶东后，许世友迅速整合分散的抗日武装，指挥反投降战役。他凭借卓越的军事才能，排兵布阵，出奇制胜，一举扭转胶东抗日力量分散的不利局面，使胶东抗战迎来崭新局面。

2. 承担着特殊使命与隐蔽斗争任务

在“渤海走廊”沿线，“堡垒村”作为坚不可摧的地下堡垒，承载着特殊使命。北赵村便是其中的典范。这里的地下交通站由赵大娘等普通群众组成的联络员队伍守护。赵大娘虽年事已高，却有着过人的胆识与智慧，她将自家地窖改造成情报中转站，把情报藏在菜篮底部、鞋底夹层，穿梭于村庄与交通站之间。在她的带领下，年均 300 余件涵盖日军兵力部署、“扫荡”计划等核心信息的情报通过“渤海走廊”传递到抗日部队手中。这些情报犹如黑暗中的明灯，让抗日军民得以提前部署，化险为夷，给日军以沉重打击。

“渤海走廊”还搭建起干部培训的重要链路。胶东干部怀着求知若渴的心情，经此通道奔赴鲁中“抗大”分校培训。他们背着简单行囊，日夜兼程，跨越敌人的封锁线，在鲁中抗大分校接受系统的军事理论与战术训练。年均 500 余人的培训规模，让先进的军事理念与作战经验在胶东部队中广泛传播。同时，鲁中派来的 100 余名军事教员，也通过这条通道抵达胶东。他们深入部队基层，手把手向战士们传授作战技巧，指导战术演练，极大提升了胶东部队的整体战术水平，让这支抗日队伍在战场上更加英勇善战，无往而不胜。

“渤海走廊”具备物资输送、兵力调度与干部护送三大战略功能，这背后是昌邑、潍县、寿光军民历时数载构筑的钢铁防线。这条东西延展 120 里、南北仅 10 余里的狭长通道，以“抗日沟”为流动战壕，以“堡垒户”为隐秘据点，以“大生产运动”为物质根基，形成三位一体的立体抗战体系。每当夜幕笼罩盐碱滩，蜿蜒 1400 余里的“抗日沟”便成为黄金运输队的隐蔽航道。战士们经“抗日沟”秘密运输物资，通过“堡垒户”冒死传递情报，后方“大生产运动”则为前线提供弹药等保障。在这条生命通道上，曾发生过胶东抗大支校校长贾若瑜率部借“抗日沟”曲折地形护送黄金脱险、许世友将军率部急行军、胶东区党委书记林浩带领干部队伍借“堡垒户”掩护转移等无数惊心动魄的故事。这些用生命谱写的传奇，让

“渤海走廊”成为一座屹立不倒的精神丰碑。

“渤海走廊”不仅是地理意义上的战略通道，更是党群同心、军民同行的精神图腾。当战士们背着黄金穿越封锁，当百姓们用身体护卫伤员，当干部与群众在生产作坊并肩劳作，“军民鱼水情”不再是一句口号，而是化作盐碱地上深深的脚印、“抗日沟”里斑驳的弹痕、“堡垒户”门前不灭的灯火。这种在血与火中淬炼出的精神力量，至今仍在齐鲁大地激荡，成为红色文化鲜活的传承密码。

第三章 “渤海走廊”红色文化挖掘与传承的现状及困境

在新时代，挖掘和传承“渤海走廊”红色文化，对于弘扬革命精神、加强爱国主义教育、推动地方经济发展具有重大意义。为了让子孙后代铭记这段波澜壮阔的历史，我们需要对“渤海走廊”所蕴含的红色文化进行深入挖掘，并将这种红色精神世代传承下去。目前，“渤海走廊”红色文化挖掘和传承工作取得丰硕成果，但也存在一些问题，比如说面临着资金投入不足、专业人才短缺、宣传推广力度不够、红色文化内涵挖掘不深、区域协同发展不足等困境，亟须在明晰现状的基础上进一步寻找有效措施，做好“渤海走廊”红色文化的深度挖掘、广泛传播与创新性发展。当地政府采取增加资金投入、加强专业人才培养和引进、加大宣传推广力度、深入挖掘红色文化内涵、加强区域协同发展等对策，推动“渤海走廊”红色文化的挖掘和传承工作不断深入，为中华民族伟大复兴注入强大的精神动力。

第一节 “渤海走廊”红色文化挖掘与传承的现状

为深入了解“渤海走廊”的历史，中共昌邑市委组织部率先积极开展史料和文物的挖掘收集工作，各民间组织也积极参与，广泛走访曾经参与过革命斗争的老战士、老党员以及革命先辈的后代，获取大量珍贵的一手资料。这些亲历者或见证者的回忆，为还原历史细节提供了有力支撑。同时，在文献档案整理方面，红色文化研究者深入各地图书馆、档案馆，查阅海量的历史文献，从中筛选并整理“渤海走廊”红色故事的相关始末。在文物征集过程中，社会各界踊跃参与，许多珍贵的革命文物得以重见天日，包括革命先辈们使用过的武器、生活用品和信件等，从不同角度展现了当年的革命斗争场景。市委组织部干部张葆海经过多方查询，从一位90多岁的抗美援朝老兵手里征集了他从朝鲜战场带回来的一枚带血的枫叶，成为渤海走廊革命斗争陈列馆的“镇馆之宝”。

当地政府在充分挖掘红色文化内涵及价值的基础上，从三个方面对“渤海走廊”红色文化进行传承发展，比如在教育领域用当地历史中的红色故事培养学生的爱国主义情怀，在文化传播途径上融合新媒体进行创新性发展，在利用当地资源的基础上开拓完整红色旅游线路等。

一、教育领域传承体系的初步构建

1. 学校教育

当地教育部门编写专门的校本教材，将“渤海走廊”红色文化纳入学校教育体系。教材内容涵盖了“渤海走廊”的革命历史故事、英雄人物事迹等，以生动有趣的呈现形式激发学生对红色文化的兴趣；通过课堂教学、主题班会、演讲比赛等多种形式，让学生深入了解“渤海走廊”的开辟和保卫历史，培养他们的爱国主义情怀和民族自豪感。

2. 社会教育

各类社会教育机构也积极参与“渤海走廊”红色文化的传承中来。博物馆、陈列馆等机构通过举办专题展览、开展义务讲解等活动，向公众普及红色文化知识。社区组织则通过举办红色文化讲座、文艺演出等形式，让红色文化走进居民生活，增强社区居民对红色文化的认同感。

二、文化传播渠道的初步探索

1. 传统媒体与新媒体融合

电视、广播等传统媒体播出了一系列关于“渤海走廊”红色文化的专题节目、纪录片等，通过生动的画面和翔实的解说，将红色文化传递给广大观众和听众。同时，新媒体平台也发挥了重要作用，微信公众号、短视频平台等成为传播“渤海走廊”红色文化的新阵地。许多自媒体创作者通过制作有趣、新颖的短视频，吸引大量年轻受众，让红色文化在网络空间中广泛传播。

2. 文艺创作

以“渤海走廊”为背景的文艺作品层出不穷。文学作品方面，小说、诗歌、散文等从不同角度展现了那段波澜壮阔的历史。昌邑籍作家张葆海创作的长篇纪实文学《生命密道》，全方位记叙了“渤海走廊”的开辟、保卫和重要作用，成为全国唯一一部以专题描写“渤海走廊”的作品。在戏剧舞台上，通过话剧、音乐剧等的精彩演绎，将红色文化的魅力展现得淋漓尽致。在影视领域，相关电影、电视剧的筹划拍摄，更将吸引大量观众，让更多人了解到“渤海走廊”的红色历史。

三、红色旅游资源的开发

1. 旅游资源开发

当地政府加大对“渤海走廊”红色旅游资源的开发力度，对革命遗址、遗迹进行修缮和保护，打造了一批具有代表性的红色旅游景点。同时，建设相关纪念馆、陈列馆，运用现代科技手段生动再现当年革命场景，给参观者带来沉浸式体验。

2. 旅游线路规划

为满足不同游客的需求，当地规划多条红色旅游线路，将“渤海走廊”的各个红色景点串联起来，同时还结合周边的自然风光和民俗文化，推出多元化的旅游产品。这样能使游客在游览红色景点的同时，欣赏美丽自然风光，体验当地民俗风情，丰富其旅游体验。

第二节 “渤海走廊”红色文化挖掘与传承的困境

一、对“渤海走廊”红色文化保护意识缺乏长远性

1. 缺乏整体规划，忽视文化资源的系统性

（1）单体遗迹孤立保护

在“渤海走廊”红色文化遗迹的保护实践中，孤立保护单体遗迹的现象屡见不鲜。如掖县（今莱州市）西海地下医院旧址保护，仅对医院主体建筑进行修复，而忽略了周边用于掩护和联络的地道系统。这些地道纵横交错，是地下医院安全运转的重要保障。然而，由于缺乏保护，部分地道已经坍塌，内部结构遭到严重破坏。孤立保护主体建筑，切断了其与地道系统的联系，则无法展现当年地下医院在隐蔽环境下救死扶伤的艰难与伟大。再是昌邑姜泊村后方医院旧址保护，病房、药房虽得到一定程度的修缮，但周边地道遗址等配套设施被长期忽视，无法完整地呈现其当时的作用和历史文化价值。

（2）文化资源整合不足

“渤海走廊”贯穿多个地区，沿线分布着众多红色文化遗迹，但各地区在保护工作中各自为政，缺乏有效的资源整合。如寿光市牛头镇抗日武装起义陈列馆与相邻地区的一些红色遗址之间没有建立有机的联系。从地理位置上看，这些遗址在抗战时期同属一个战略区域，相互之间有着紧密的军事、政治和文化联系。然而，在实际保护规划中，各地区仅关注自身

辖区内的遗迹，没有从整体上对“渤海走廊”红色文化资源进行统筹规划。这导致游客在参观时，无法形成对“渤海走廊”红色文化的系统性认知，难以全面了解这一区域在抗战时期的重要战略意义和历史贡献。

再如，平度市的大泽山抗战遗址群与相邻地区的红色遗迹在地理位置上相近，历史上也相互呼应。然而，各地在保护和开发过程中，未建立跨区域的合作机制。遗址群之间缺乏统一的标识、导览系统，游客在不同遗址间穿梭时，体验感不佳，无法清晰感知抗日根据地红色文化的连贯性与整体性。

2. 短期利益驱动，过度开发破坏文化生态

（1）旅游开发急功近利

近年来，随着红色旅游的升温，“渤海走廊”沿线不少地方将红色文化资源视为拉动经济增长的“摇钱树”，在旅游开发过程中表现出急功近利倾向。以某著名红色景区为例，为了在短期内吸引大量游客，获取经济利益，在未进行充分科学论证和规划的情况下，大规模建设人造景观，导致其与原本宁静庄严的红色纪念区域格格不入，不仅破坏了景区原有的历史氛围和文化景观，而且对红色遗迹造成不可逆的损害。

还有部分地区对红色文化的传承存在形式化、表面化的现象，过于注重商业开发而忽视了文化内涵的挖掘和传承；一些红色文化产品创新性不足，缺乏吸引力和感染力，难以满足人民群众日益增长的精神文化需求。此外，红色文化传承人才队伍建设相对滞后，专业人才匮乏，制约了“渤海走廊”红色文化的进一步发展。

（2）忽视文化传承与教育功能

在追求短期经济利益的过程中，许多红色文化景点忽视了文化传承与教育功能。例如，一些红色展馆内展览内容陈旧、形式单一，仅仅是简单地陈列一些文物和图片，缺乏生动的讲解和互动体验环节。以一些针对学生群体的参观活动为例，学生们在参观过程中表现出明显的兴趣缺乏，讲解员照本宣科的讲解方式无法吸引他们深入理解红色文化背后的历史意义和精神价值。这种重经济、轻文化的开发模式，不仅无法实现红色文化的有效传承，还可能导致公众对红色文化产生误解和疏离。

此外，一些红色教育基地活动形式单一，多为走马观花式参观，缺乏互动体验环节。如有些教育基地组织的红色教育活动，只是让学生参观展厅、听讲座，学生参与度低，难以激发他们对红色文化的兴趣，无法达到良好的教育效果。

3. 缺乏动态保护机制，难以适应时代发展

（1）规划滞后于社会发展

当前，“渤海走廊”沿线在红色文化保护方面的规划普遍存在滞后性。随着城市化进程的加速和社会经济的快速发展，许多红色文化遗迹周边的环境发生变化。然而，原有的保护规划未能及时跟进这些变化。例如，在潍坊市某区，一处重要的红色遗址周边原本是一片宁静的居民区。近年来，随着城区的扩张，该区域被纳入商业开发范围，高楼大厦拔地而起。由于前期保护规划中没有预留足够的缓冲空间，这处红色遗址被现代化建筑包围，不仅破坏了其原有的历史风貌，而且在未来的保护工作中面临着巨大的困难。

在另一地区，因交通设施建设规划未考虑红色遗迹保护，一条新建公路从红色遗址附近穿过，车辆行驶产生的噪音、震动以及尾气排放，对遗址造成长期的损害。而保护规划中又缺乏应对此类情况的措施，使得遗址保护陷入困境。

（2）应对突发情况能力不足

在面对自然灾害、人为破坏等突发情况时，“渤海走廊”沿线的红色文化保护工作往往显得应对能力不足。由于缺乏完善的动态保护机制，无法及时采取有效的应对措施。此外，对于一些人为破坏行为，如游客的乱刻乱画、文物盗窃等，也缺乏有效的监管和惩罚机制，红色文化资源时刻面临着被破坏的风险。在红色景区，游客在文物上刻字留念的现象屡禁不止。景区管理人员发现后，仅进行简单口头劝阻，没有相应的处罚措施，导致此类行为频繁发生，严重损害了文物的完整性和红色文化的尊严。

二、对“渤海走廊”红色文化宣传教育活动缺乏针对性

1. 受众定位模糊，内容缺乏吸引力

（1）未区分不同受众群体

“渤海走廊”红色文化宣传教育活动存在受众定位模糊现象。无论是面向学生、普通民众还是党员干部，讲解内容往往千篇一律。在组织学生参观红色展馆时，讲解员讲解词与面向成年人的几乎相同，未考虑学生认知水平和兴趣特点。然而学生对过于专业、枯燥的历史讲解难以产生兴趣，参观时注意力无法集中。面向普通民众的宣传活动，也未根据民众文化背景和生活需求调整内容。在农村地区开展宣传时，没有结合农民熟悉的生产生活场景解读红色文化，使得宣传内容与民众生活脱节，难以引起共鸣。

（2）内容陈旧单一

宣传教育内容陈旧、单一，严重影响活动效果。许多红色文化宣传活动局限于传统展板展示、讲座报告形式，内容多为历史事件和人物事迹简单叙述，缺乏创新与深入挖掘。在一些红色文化展览中，多年来展览内容未更新，展示的历史图片和文物一成不变，未结合当下社会热点和时代精神对红色文化进行新解读。

在一次红色文化讲座中，主讲人照本宣科，讲述的内容与多年前无异，没有融入新的研究成果和时代感悟，听众兴趣寥寥，宣传效果大打折扣。这种陈旧单一的内容与形式，无法满足现代受众多样化的文化需求，难以吸引他们关注和参与。

2. 宣传渠道有限，覆盖面窄

（1）传统媒体利用不充分

在“渤海走廊”红色文化宣传中，传统媒体利用不充分。当地电视台虽偶尔播出红色文化专题节目，但播出时间不固定，缺乏宣传推广，观众知晓度低。同时节目形式和内容传统，以纪录片式讲述为主，画面单调，解说平淡，没有采用新颖的表现手法，无法抓住观众眼球，缺乏吸引力。

在报纸、广播等传统媒体上，关于“渤海走廊”红色文化的报道数量少，且版面、时段不佳。报纸上的报道多为简短消息，缺乏深度报道；广播节目播出时间多在非黄金时段，收听率低，没有形成持续的宣传声势。

（2）新媒体运用不足

新媒体时代，“渤海走廊”红色文化宣传在新媒体平台上表现欠佳。部分地区虽建立官方网站和社交媒体账号，但运营存在诸多问题，如网站更新不及时，信息陈旧，无法为用户提供最新红色文化资讯。社交媒体账号运营也缺乏专业性和互动性，仅简单发布文字和图片信息，未充分利用短视频、直播等新兴形式。

与其他地区利用新媒体成功宣传红色文化相比，差距明显。例如，有的地区通过抖音直播红色文化展览，吸引大量网友观看互动；而“渤海走廊”地区相关账号发布的内容很少有人问津，导致红色文化传播范围有限，无法覆盖更广泛受众群体。

3. 活动形式僵化，缺乏互动体验

（1）以灌输式教育为主

目前，“渤海走廊”红色文化宣传教育活动多以灌输式教育为主，形式僵化。学校组织的红色文化课程、社会上的讲座培训等，多是教师、专家单方面讲解，学生、听众被动接受。在某学校红色文化课堂上，教师照本宣科讲解历史知识，学生无法参与讨论，对知识理解不深。在一场面向社区居民的红色文化讲座中，主讲人全程站在讲台上演讲，没有与居民互动，居民参与感低，导致对讲座内容印象不深。这种缺乏互动的教育方式，难以激发受众参与热情，无法让受众深入理解红色文化内涵。

（2）缺乏互动体验式活动

“渤海走廊”沿线在互动体验式活动上开发严重不足。红色文化适合开展互动体验活动，但目前红色文化景点此类项目稀缺。在一些红色展馆，游客只能观看展览、听讲解，无法亲身参与历史场景。而昌邑“红色马渠”红色文化景点通过推出群众自编自演的舞台剧《以命换命》《一把野菜》等，让游客参与扮演角色、实景演绎等互动体验，还有推车支前、夹壁墙实景体验等，受到游客广泛好评。相比之下，有的红色文化景点缺乏此类创新活动，难以吸引游客，不利于红色文化传播。

三、对“渤海走廊”红色文化传承路径开发缺乏多样性

1. 过度依赖传统旅游模式，创新不足

（1）旅游产品同质化严重

“渤海走廊”沿线红色文化传承过度依赖传统红色旅游模式，旅游产品同质化问题突出。许多红色旅游景点以参观革命展馆、遗址遗迹为主，旅游线路和项目设置缺乏新意。沿线多个地区推出的红色旅游“一日游”线路，内容几乎都是参观几个展馆、听几场讲解，景点之间差异小，无法满足游客多样化需求，也难以吸引游客再次游览，限制了红色文化传播范围。

（2）缺乏深度体验式旅游产品

当前红色旅游市场中，游客对深度体验式旅游产品需求渐长，但“渤海走廊”沿线开发滞后。多数红色旅游景点仅停留在表面参观游览层面，未深入挖掘红色文化内涵开发体验项目。一些景点开展的红色主题拓展训练活动形式单一，与红色文化融合不深。

例如，景点的拓展训练只是简单的体能训练，没有融入抗战历史背景

和革命精神，无法让游客感受红色文化魅力。而其他地区打造的沉浸式实景演出、红色主题民宿等深度体验产品，深受游客喜爱。如某红色实景演出，通过高科技手段和精彩表演，重现抗战场景，让观众身临其境感受革命艰辛。相比之下，“渤海走廊”沿线红色旅游产品缺乏吸引力。

2. 文化产业融合度低，发展受限

（1）与其他文化产业结合不紧密

“渤海走廊”沿线文化资源丰富，除红色文化外，还有民俗文化、历史文化等，但在红色文化传承中，各文化产业结合不紧密。例如，该地区民俗文化活动，如民间艺术表演、手工艺制作等，未与红色文化有机融合。在举办民俗文化节时，没有将红色文化元素融入表演节目或手工艺品创作中，两者相互独立，无法形成特色文化产品。

在历史文化资源开发方面，也未与红色文化联动。例如，当地一些古老的历史建筑，本身具有深厚历史底蕴，但在开发利用时，没有将其与周边红色遗迹联系起来，打造综合性文化旅游项目，错失了丰富旅游产品内涵的机会。

（2）红色文化创意产品开发不足

“渤海走廊”地区红色文化创意产品开发存在明显短板。市场上红色文化创意产品形式简单、设计粗糙，缺乏创新性和文化内涵。多数纪念品只是在普通商品上印红色标语或图案，如印有“渤海走廊”字样的水杯、钥匙扣等，没有深入挖掘红色文化故事和元素进行创意设计。

“渤海走廊”地区与红色文化创意产业发达地区相比，文化创意产品开发差距显著。在一些地区，红色文化创意产品种类繁多，有以红色历史事件为原型的动漫、桌游，还有融入红色元素的时尚服饰、家居用品等，深受消费者喜爱。而“渤海走廊”地区红色文化创意产品市场影响力小，难以满足人们对红色文化产品的多样化需求。

3. 忽视非物质文化遗产传承，传承链条不完整

（1）对红色相关非物质文化遗产重视不够

“渤海走廊”沿线在红色文化传承中，对与红色文化相关的非物质文化遗产关注不足。当地流传的红色歌谣、故事传说等，生动展现了当地特色红色文化内涵，但相关部门收集、整理和保护工作不到位。许多红色歌谣和故事仅在少数老年人中传唱、讲述，面临失传风险。

例如，一首反映“渤海走廊”抗战时期军民鱼水情的歌谣，因没有及时记录和传承，知晓的老人相继离世，如今歌词已经残缺不全。同时，对于当年八路军战士制作武器、生活用品的传统技艺，也缺乏有效传承保护措施，随着老工匠的减少，这些技艺濒临失传。

（2）传承机制不完善

在红色相关非物质文化遗产传承方面，“渤海走廊”沿线传承机制缺失。没有建立完善的传承人和传承基地体系，传承人缺乏资金支持和展示平台。虽然一些地方认定了红色歌谣传承人和故事讲述人，但因缺乏资金，无法开展传承活动，也没有合适的场所展示技艺。

此外，由于缺乏系统的传承培训机制，年轻一代对红色相关非物质文化遗产了解意愿和兴趣低。在学校教育中，很少涉及红色非物质文化遗产内容，导致传承链条面临断裂风险。

第三节 “渤海走廊”红色文化挖掘与传承工作的改进方向

“渤海走廊”红色文化的挖掘与传承工作已取得阶段性的成果，但仍需在以下三个方面不断努力。

一、逐步深化红色文化理论研究

弘扬红色文化要深化红色文化理论的研究。作为著名的革命老区，昌邑人民在血与火的熔炼中铸就了红色基因，在几十年的血脉相传中历久弥新。在此基础上，潍坊市成立红色文化研究会，随之在昌邑设立办事处，这既有利于整合红色文化资源，更有利于加强互相交流、学习，以凝聚全体共识，共同推进红色文化研究工作，达到提升红色文化知名度、打造红色文化品牌的目的。

1. 进一步深化“渤海走廊”红色文化理论研究存在重要意义

（1）传承与弘扬革命精神

“渤海走廊”在抗日战争时期发挥了重要作用。在此过程中，孕育出了以“忠于使命、勇于担当、顾全大局、无私奉献”为核心的革命精神。深入研究“渤海走廊”红色文化，能够系统梳理这些精神的形成脉络与发展历程，将先辈们的伟大精神精准地传承下去，激励当代人在面对困难与挑战时，保持昂扬斗志与坚定信念。

（2）丰富红色文化内涵

“渤海走廊”红色文化具有鲜明的地域特色，与当地的风土人情、历史沿革紧密相连。通过理论研究，能够挖掘出其区别于其他红色文化区域的独特元素，进一步丰富中国红色文化的整体内涵。如研究渤海湾南岸独特的渔盐文化与革命斗争相结合的历史，能为红色文化研究提供新的维度，展现中国革命的多元性与复杂性。近年来，昌邑籍作家张葆海创作了长篇小说《大绸商》《大盐都》，就是将地域文化、产业文化、红色文化巧妙融合的典范，受到普遍好评。

（3）为区域发展提供精神动力与文化支撑

从经济层面看，对渤海走廊红色文化的深入研究有助于推动红色旅游产业的升级发展。通过打造具有文化深度与吸引力的红色旅游产品，吸引更多游客前来，带动当地经济增长。从社会层面讲，这种研究能够增强区域内民众的文化认同感与归属感，促进社会凝聚力的提升。当人们深入了解家乡的红色历史，会更加热爱这片土地，从而积极投身于家乡建设，为实现区域的可持续发展注入强大的精神动力。

当然，红色文化理论研究要以马克思主义为指导，立足红色革命历史事实，要深入分析红色文化的主要内涵、生成逻辑、价值指向，以及红色文化与中华优秀传统文化、社会主义先进文化之间的关系。同时，要特别注重挖掘红色文化资源中能够体现共产党人对党忠诚、坚贞不屈的优秀品质，勇于担当、百折不挠的政治品格，顾全大局、大公无私的奉献精神等，从而为实现红色文化的宣传、教育等功能夯实理论基础。要深入挖掘红色文化资源，研究好、编写好红色历史，修好“红色家谱”，进一步增强红色历史、红色文化的生命力。广泛开展红色文化资源的深度研究和精神价值提炼，传承红色基因，切实增强红色文化的教育力、不断提升红色文化研究的影响力。

2. 当前“渤海走廊”红色文化理论研究存在不足之处

（1）研究成果初显，但系统性不足

目前，已有部分学者关注到“渤海走廊”红色文化，并取得一定研究成果，如对重要历史事件的梳理、部分革命人物的事迹研究等。然而，这些研究较为分散，缺乏系统性，尚未形成完整的理论体系，对“渤海走廊”红色文化的整体架构、发展规律以及与其他文化的关联等方面的研究不够深入全面，难以从宏观层面把握其文化精髓。

（2）研究视角较窄，跨学科研究匮乏

现有的研究大多集中在历史学领域，仅从政治、军事等角度对“渤海走廊”的革命历史进行探讨，而从文化学、社会学、传播学、经济学等多学科交叉的视角进行研究的成果较少。例如，在文化产业开发方面，缺乏将红色文化与文化创意产业、数字经济相结合的研究；在红色文化传播方面，对新媒体传播手段的应用研究还不够充分。

（3）研究与实践结合不够紧密

一方面，部分理论研究成果未能有效转化为实际应用，如在红色文化资源的保护与开发、红色旅游项目的规划等实践工作中，缺乏理论的有力指导。另一方面，实践中积累的丰富经验和出现的问题，未能及时反馈到理论研究中，导致理论研究滞后于实践发展，无法形成研究与实践相互促进的良性循环。

3. 深化“渤海走廊”红色文化研究的针对性策略

（1）构建系统的研究体系

加强基础研究：深入挖掘“渤海走廊”的历史文献、档案资料、口述历史等，全面梳理其革命历史脉络，包括重大战役、重要事件、关键人物等；建立详细的“渤海走廊”红色文化历史数据库，为后续研究提供坚实的资料基础。

开展专题研究：针对“渤海走廊”红色文化的不同方面，如精神内涵、文化符号、传承模式等，设立专项研究课题；组织专业团队进行深入研究，形成系列化的研究成果，逐步构建起完整的“渤海走廊”红色文化理论体系。

（2）拓展研究视角，推动跨学科研究

鼓励多学科融合：倡导历史学、文化学、社会学、传播学、经济学等多学科的学者共同参与“渤海走廊”红色文化研究。例如，文化学者研究红色文化的符号意义与价值体系；社会学者分析红色文化对当地社会结构和民众生活的影响；传播学者探索红色文化在新媒体时代的传播策略；经济学者研究红色文化产业的发展模式与经济效益等。通过多学科的交叉融合，为研究注入新的活力与思路。

设立跨学科研究项目：政府部门、科研机构和高校应加大对跨学科研究项目的支持力度，设立专项基金，鼓励不同学科的研究者联合申报项目。如实施“渤海走廊红色文化的数字化传播与文化产业融合发展研究”等项目，整合各方资源，推动研究的深入开展。

（3）强化研究与实践的互动

推动理论成果转化应用：建立红色文化理论研究成果与实践应用的对接机制。在红色旅游开发中，运用文化品牌建设、旅游规划等理论，打造具有吸引力的红色旅游产品。如根据游客需求和市场定位，结合“渤海走廊”红色文化特色，设计多样化的旅游线路和体验项目。在红色文化教育方面，将研究成果转化为教育教学资源，开发特色课程和教材，提升教育效果。

从实践中汲取研究灵感：研究人员要深入“渤海走廊”地区的红色文化遗址、纪念馆、陈列馆、红色旅游景区等实地调研，了解红色文化传承与发展的实际情况。与当地的文化工作者、旅游从业者、居民等进行交流，收集实践中的问题与经验，为理论研究提供现实依据。同时，定期举办实践与理论研讨会，促进双方的交流与合作，实现研究与实践的相互促进、共同发展。

总之，逐步加大“渤海走廊”红色文化理论研究是一项具有深远意义的系统工程。通过构建系统的研究体系、拓展研究视角以及强化研究与实践的互动，能够立足革命遗迹与红色文化底蕴，深入挖掘红色资源、发展红色文旅、用好红色“教材”，让红色基因在传承中焕发时代光芒。

二、稳步推进红色文化项目开发

1. 打造多元红色旅游产品体系

（1）深度体验型红色旅游项目

为契合游客对红色旅游不断攀升的体验需求，“渤海走廊”沿线可着力打造一系列深度体验型项目。以曾经发生过战斗的遗址区域为依托，借助实景复原技术等现代科技，重现战火纷飞的战斗场景。例如，针对某次扭转战局的关键战役，精心搭建逼真战壕、堡垒，巧妙运用光影音效，瞬间将游客拉回硝烟弥漫的战场，真切感受革命先辈们的英勇无畏与顽强拼搏。同时，精心设计模拟战斗任务，如模拟情报传递，游客需在规定时间内，凭借对地形的熟悉和巧妙伪装，突破“敌人”防线，将重要情报送达指定地点；或是组织运送物资行动，让游客亲身体验在艰难险阻中为前线输送补给的不易，深刻体会革命斗争的艰辛与智慧。

在红色主题乡村旅游项目打造上，选取“渤海走廊”沿线乡村风貌典型且与红色历史紧密相连的村落，进行系统性规划。游客可入住依据当年革命时期民居风格改造的“红色民宿”，沉浸式感受那段峥嵘岁月。品尝具有年代特色的农家饭菜，其食材取自当地，烹饪方式保留传统风味，每一口都饱含历史的味道。闲暇时，围坐在村民身旁，聆听他们讲述祖辈参与革命的真实故事。那些质朴的话语、生动的细节，将红色历史鲜活地呈现在游客眼前。游客还能参与农事体验活动，在田间地头挥洒汗水，了解当年根据地军民开展大生产运动的背景与意义，从生活的方方面面深度体验红色文化与乡村生活的交融。

（2）红色文化研学旅行项目

针对不同年龄段学生群体的认知特点与学习需求，分层分类设计红色文化研学旅行项目。在小学阶段，侧重于趣味性与互动性课程的开发。如在某红色纪念馆内，精心设置红色文化主题手工制作课程。孩子们在老师指导下，亲手制作红军帽、五角星等象征革命的小物件，在穿针引线、裁剪粘贴间深入了解革命历史符号的深刻含义。同时，举办“红色故事大王”比赛，鼓励孩子们踊跃登台，讲述在“渤海走廊”发生的英雄故事。从机智勇敢的小英雄事迹到军民齐心抗敌的感人篇章，激发孩子们对红色文化的浓厚兴趣，培养他们的表达能力与自信心。

对于中学生和大学生，着重培养其研究能力与历史思维。组织他们深入“渤海走廊”沿线开展实地调研，鼓励他们主动走访当地革命前辈或其后人，与其面对面交流，用心收集整理口述历史资料。以“‘渤海走廊’的交通线建设与抗战胜利的关系”这一具有深度的课题为例，让同学们通过多方查阅珍贵档案资料，实地考察蜿蜒曲折的交通要道遗址，仔细观察地形地貌，分析其在战略布局中的重要作用；拜访相关领域专家，聆听专业解读，汲取知识养分。最后，综合各方信息，撰写出逻辑严谨、内容翔实的调研报告，从而深入探究红色历史背后的深层次意义，培养独立思考与研究能力。

2. 推动红色文化与其他产业融合发展

（1）红色文化与影视产业融合

深入挖掘“渤海走廊”底蕴深厚的红色文化资源，积极与影视制作公司携手合作，全力打造一批具有广泛影响力的红色影视作品。例如，以“渤海走廊”上惊心动魄的秘密情报传递工作为蓝本，创作情节跌宕起伏的谍战题材影视剧。在剧本创作阶段，邀请党史专家严格把关，确保剧情尊重历史事实，同时巧妙融入紧张刺激的情节与扣人心弦的悬念，精心塑造有血有肉、英勇无畏的地下情报工作者形象。他们在敌占区的黑暗中潜行，凭借着坚定的信仰、过人的智慧和无畏的勇气，一次次突破敌人的严密封锁，为革命胜利传递着关键情报，展现了为理想信念不惜牺牲一切的伟大精神。

在拍摄过程中，可充分利用“渤海走廊”当地的真实场景，如古老幽深的街巷、斑驳的墙壁诉说着历史的沧桑；隐蔽的联络点、狭小的空间见证无数次秘密接头。这些实景的运用，能够极大地增加剧集的真实感与历史厚重感，让观众仿佛穿越时空，置身于那个风云变幻的年代。同时，举办盛大的红色主题影视文化节，广邀国内外知名的影视创作者、学者、影评人等参与。活动期间，展映一系列以“渤海走廊”红色文化为题材的优秀影视作品，涵盖电影、电视剧、纪录片等多种形式；开展学术研讨活动，专家学者围绕红色影视的创作手法、历史呈现、文化价值等议题各抒己见，碰撞出思想火花；举办影视创作大赛，鼓励新兴影视人才以“渤海走廊”为灵感源泉，创作富有创意的作品，为红色文化的影视传播注入源源不断的新活力。

（2）红色文化与文创产业融合

大力建设“渤海走廊”红色文化创意产业园区，出台优惠政策，吸引众多富有创意的文创企业和才华横溢的设计师入驻。积极鼓励他们从“渤海走廊”的红色历史、英雄人物、革命文物等元素中汲取灵感，开发品类丰富、独具匠心的文创产品。比如，设计以著名抗日将领为原型的手办玩偶，从将领的神态表情到服饰细节，都精心雕琢，力求还原历史真实，其不仅具有极高的收藏价值，还能让年轻人通过手办，更亲近红色文化、了解英雄事迹。开发红色主题文具，如封面印有红色标语的笔记本，选用质量上乘、书写顺滑的纸张，每一次记录都仿佛与历史对话；带有革命徽章图案的书签，材质精美，寓意深刻，在翻阅书籍间，传承红色基因。

此外，紧跟时代潮流，利用现代数字技术，开发“渤海走廊”红色文化主题的网络游戏、动漫作品等。例如，一款以“渤海走廊”为背景的冒险解谜游戏，玩家在游戏中扮演一名机智勇敢的地下党员，在错综复杂的城市街巷与乡村小道中穿梭，玩家需要巧妙完成各种任务，如破解敌人密码、摆脱特务追踪、营救被捕同志等，突破重重封锁。在游戏过程中，巧妙融入历史小知识、红色故事片段，让玩家在紧张刺激的游戏体验中，不知不觉了解“渤海走廊”的红色历史知识，感受革命精神的熏陶。动漫作品则以生动有趣的画风、精彩的剧情，讲述“渤海走廊”上的传奇故事，吸引不同年龄段的观众，从而扩大红色文化的传播范围。

3. 加强红色文化项目的品牌建设与推广

（1）塑造独特的红色文化品牌形象

深度挖掘“渤海走廊”红色文化的核心价值与独特魅力，精心打造极具辨识度的品牌形象。组织专业的历史文化研究团队，深入研究“渤海走廊”在革命战争时期的战略地位、重要作用以及所蕴含的精神内涵。通过对海量历史资料的梳理、分析，最终提炼出“渤海走廊——红色生命线”这一主题口号，精准突出其在连接根据地、保障物资运输和人员往来方面的关键作用，即“渤海走廊”如同一条坚韧的生命线，维系着革命的希望。

设计具有代表性的品牌标识，将渤海的海浪元素与象征革命的红旗进行巧妙融合。海浪的汹涌澎湃寓意着革命浪潮的不可阻挡，红旗的飘扬则代表着红色精神的薪火相传。两者结合，生动展现出“渤海走廊”在波澜壮阔的革命浪潮中，始终坚定地传递着红色力量。同时，围绕品牌形象，制定全面、统一的视觉识别系统，涵盖色彩规范、字体样式、图形符号等各个方面，并将其广泛应用于景区标识、宣传资料、文创产品、工作人员制服等各个领域，确保品牌形象的一致性和连贯性。游客无论是在景区入口的醒目标识上，还是在购买的精美文创产品包装上，或是与工作人员的接触中，都能将其迅速识别并留下深刻印象，强化品牌记忆。

（2）全方位、多层次的品牌推广策略

充分利用线上线下相结合的多元化方式，进行广泛而深入的品牌推广。线上方面，重点加强社交媒体平台的运营。在微信公众号、微博、抖音、小红书等热门社交平台上，开设官方账号，组建专业的运营团队，定期发布“渤海走廊”红色文化的精彩内容。内容形式丰富多样，包括引人入胜的历史故事，以生动的语言讲述革命先辈们的英勇事迹；实用详细的旅游攻略，为游客提供行程规划、景点介绍、美食推荐等信息；精美的文创产品展示，通过高清图片、视频展示文创产品的设计细节与独特魅力。

同时，紧跟新媒体发展趋势，积极制作短视频、开展直播活动。制作一系列情节紧凑、富有感染力的短视频。开展“云游渤海走廊”直播活动，邀请资深导游或历史专家担任主播，带领网友在线参观红色景点，实时讲解历史背景、文化内涵，与网友互动答疑，让更多无法亲临现场的人也能领略“渤海走廊”的红色文化魅力。

线下方面，积极参加国内外各类大型旅游展会、文化交流活动，精心设置专门的“渤海走廊”红色文化展区。展区设计独具匠心，采用现代化的展示手段，通过精美的展板展示、直观的实物陈列、震撼的多媒体演示、精彩的现场表演等方式，全方位、多角度地展示“渤海走廊”的红色文化特色，吸引众多潜在游客的目光。例如，在展板展示中，运用高清图片、珍贵历史资料与生动文字相结合的方式，讲述“渤海走廊”的历史变迁与重要事件；实物陈列区展示当年的革命文物、武器装备复制品等，让观众直观感受历史的厚重；多媒体演示区循环播放精心制作的宣传片，通过震撼的视听效果，加深观众印象；现场表演区则安排红色主题的歌舞表演、情景短剧等，让观众沉浸其中。

此外，积极开展联合推广活动。与旅行社合作，精心设计并推出“渤海走廊红色文化经典之旅”“渤海走廊深度体验游”等特色线路，通过旅行社的销售渠道和专业推广，向广大游客进行重点推荐。与学校合作，开展丰富多彩的红色文化进校园活动，如举办红色文化讲座，邀请专家学者为师生讲述“渤海走廊”的革命历史；开展红色文化知识竞赛，激发学生的学习兴趣；组织红色文化研学旅行活动，让学生亲身感受红色文化的魅力。与企业合作，为企业量身定制红色主题的团建活动，如红色拓展训练、红色主题党日活动等，通过团队合作、互动体验等形式，让企业员工在活动中增强团队凝聚力，同时接受红色文化的熏陶，进一步提高“渤海走廊”红色文化品牌的知名度和美誉度。

三、整体加强红色文化教育活动

1. 构建学校红色文化教育体系

（1）将红色文化纳入课程体系

从幼儿园到中小学，循序渐进构建系统、全面的红色文化课程体系。在幼儿园阶段，采用寓教于乐的方式，通过阅读色彩鲜艳的绘本、传唱欢快动听的儿歌、进行趣味十足的角色扮演等形式，向孩子们进行红色文化启蒙教育。例如，教师声情并茂地讲述《一门六英》的故事，用生动的语言和丰富的表情，描绘孙阁田老人送五个儿子参军的精彩故事；教唱红色经典儿歌，让孩子们伴随欢快的旋律，感受红色歌曲的激昂情感，培养对红色文化的初步感知。

在小学阶段，正式开设专门的红色文化校本课程，并紧密结合语文、历史、道德与法治等学科内容，进行深入、系统的红色文化教育。以“渤海走廊”的历史为蓝本，组织专业教师编写特色校本教材，详细讲述发生在这片土地上的革命故事、英勇事迹以及涌现出的英雄人物。在课堂教学中，灵活运用情境教学法、小组讨论法、角色扮演法等多种教学方法，激发学生的学习兴趣与参与热情。比如，在学习“渤海走廊的物资运输”这一内容时，教师精心布置教室，模拟当年的运输场景，组织学生分组模拟物资运输行动，让学生们在“运输”过程中，讨论可能遇到的敌人封锁、道路崎岖等困难，并共同探讨解决办法。通过亲身体验，学生们深刻体会到革命先辈们在物资运输过程中所展现出的智慧和艰辛，增强对红色历史的理解与感悟。

在中学阶段，进一步将红色文化与道德与法治、思想政治、历史等学科深度融合，积极开展研究性学习和社会实践活动。以“渤海走廊的历史意义与当代价值”这一具有深度和现实意义的主题为例，组织学生开展研究性学习。学生们需要自主查阅大量的历史文献、档案资料，深入分析“渤海走廊”在抗日战争时期的战略地位、对革命胜利的贡献以及对当代社会发展的启示。同时，鼓励学生走出校园，利用寒暑假时间，深入"渤海走廊"沿线地区开展实地考察，走访当地的革命纪念馆、遗址遗迹，与当地居民交流，收集第一手资料。此外，还可邀请相关领域的专家学者举办讲座、进行指导，帮助学生拓宽研究视野，提升研究能力。通过一系列的研究性学习活动，引导学生深入探究红色文化的丰富内涵和时代价值，培养学生的历史思维、批判性思维和创新能力。

（2）开展多样化的校园红色文化活动

定期举办精彩纷呈的红色文化主题校园文化节，涵盖红色歌曲演唱比赛、红色经典诵读比赛、红色主题绘画展览、红色故事演讲比赛等多个项目。在红色歌曲演唱比赛中，学生们以班级为单位，激情演唱《黄河大合唱》《义勇军进行曲》《歌唱祖国》等红色歌曲，抒发对革命先辈的崇敬之情，感受革命先辈们的爱国情怀和奋斗精神。红色经典诵读比赛中，学生们选取《沁园春·雪》《可爱的中国》等红色篇章，用抑扬顿挫的语调、真挚的情感，诠释红色经典的深刻内涵，展现新时代青少年的精神风貌。

成立各类红色文化社团，如红色历史研究社、红色文化传承社、红色文艺创作社等，为学生提供深入学习和传承红色文化的平台。定期邀请党史专家、学者举办专题讲座，深入解读"渤海走廊"红色历史、革命精神以及相关学术研究成果，拓宽学生的知识面和视野。举办红色文化知识竞赛，通过紧张刺激的竞赛形式，激发学生学习红色文化知识的积极性和主动性，巩固所学知识。组织学术研讨会，鼓励学生围绕红色文化相关主题，发表自己的见解和研究成果，培养学生的研究能力和创新思维。

2. 拓展社会红色文化教育途径

（1）利用公共文化设施开展红色文化教育

在博物馆、图书馆、文化馆等公共文化设施中，设立专门的"渤海走廊"红色文化展示区域。博物馆作为历史文化的重要承载地，可通过丰富多样的展示手段，生动展现"渤海走廊"的革命历史。举办"渤海走廊——红色记忆展”，精心挑选与“渤海走廊”相关的珍贵文物，如当年战士们使用过的武器、穿过的军装、传递的信件等进行展出。同时，运用场景复原技术，再现“渤海走廊”上的重要历史场景，如根据地的生活场景、战斗场景等，让观众仿佛穿越时空，身临其境感受历史的氛围。此外，借助多媒体演示技术，通过播放历史纪录片、动画短片等形式，深入解读“渤海走廊”的历史背景、发展历程和重要意义，使观众更加全面、深入地了解红色文化。

设立红色文化专题书架，集中收藏与“渤海走廊”红色文化相关的书籍、报刊、杂志等文献资料，涵盖历史研究著作、人物传记、文学作品等多种类型，为读者提供丰富的学习资源。定期举办红色文化主题读书分享会，邀请读者齐聚一堂，分享自己阅读红色书籍的心得体会，交流对“渤海走廊”红色文化的理解和感悟。举办专家讲座，邀请党史专家、学者深入解读“渤海走廊”的历史文化，分享最新的研究成果。开展红色文化知识竞赛，以竞赛的形式激发读者学习红色文化的热情，提高读者对红色文化的认知水平。

文化馆作为群众文化活动的重要阵地，可组织开展丰富多彩的红色文化主题文艺演出、艺术培训等活动。编排以“渤海走廊”革命故事为题材的话剧、歌舞剧、小品等文艺作品，从剧本创作、演员选拔到排练演出，都精心打磨，力求通过艺术的形式，生动展现“渤海走廊”的红色历史和革命精神。这些文艺作品深入社区、农村、学校等地，以巡回演出的形式，让更多的人能够欣赏到红色文化艺术。举办红色文化艺术培训班，如红色剪纸艺术培训、红色书法绘画培训等，培养群众对红色文化艺术的兴趣和爱好。

（2）开展红色文化进社区、进农村活动

组织红色文化宣讲团，深入社区、农村开展红色文化宣讲活动。宣讲团成员可以包括党史专家、革命先辈后代、志愿者等，通过讲述“渤海走廊”的革命故事、英雄事迹，向广大群众传播红色文化。例如，邀请参加过“渤海走廊”战斗的老战士或后代到社区为居民讲述真实经历，让居民们近距离感受革命先辈们的崇高精神。

在社区、农村建设红色文化广场、红色文化长廊等文化设施，展示“渤海走廊”的红色文化内容。红色文化广场可以设置红色主题雕塑、宣传栏等，定期举办红色文化演出、电影放映等活动。红色文化长廊可以通过图文并茂的形式，展示“渤海走廊”的历史变迁、重要事件、英雄人物等，让群众在休闲娱乐的同时，接受红色文化的熏陶。

3. 加强红色文化教育师资队伍建设

（1）培养专业的红色文化教育教师

在师范院校，开设红色文化教育相关专业或课程，培养具有专业知识和教学能力的红色文化教育教师。课程设置可以包括党史、革命史、红色文化概论、红色文化教学方法等内容。通过理论学习和实践教学相结合的方式，让学生掌握红色文化的基本理论和教学技能。例如，组织学生到“渤海走廊”实地考察，开展教学实习活动，提高他们的教学实践能力。

对于在职教师，定期开展红色文化教育培训活动。可以邀请党史专家、教育专家进行专题讲座，组织教师参加红色文化教学研讨会、观摩课等活动，提高教师的红色文化素养和教学水平。例如，举办“‘渤海走廊’红色文化教学研讨会”，邀请一线教师分享教学经验和教学案例，共同探讨如何提高红色文化教学的质量和效果。

（2）吸纳社会力量参与红色文化教育

邀请革命先辈后代、党史专家、红色文化研究学者等社会各界人士担任兼职教师或校外辅导员，参与学校和社会的红色文化教育活动。他们可以通过举办讲座、开展座谈会、参与实践活动等方式，为学生和群众提供更加丰富、生动的红色文化教育资源。如邀请革命先辈后代到学校为学生讲述家族的革命历史，让学生们感受红色基因的传承。

同时，招募志愿者参与红色文化教育活动。志愿者可以协助开展红色文化展览、讲解、宣传等工作，缓解红色文化教育师资力量不足的问题。通过对志愿者进行专业培训，提高他们的服务水平和能力，确保红色文化教育活动的顺利开展。

第四章 弘扬“渤海走廊”红色文化的可行性举措

第一节 “渤海走廊”物质文化的建设

一、红色文化场馆建设与升级

渤海走廊，红色沃土。作为革命老区，潍坊红色文化底蕴厚重。位于昌邑的昌邑县抗日殉国烈士祠、渤海走廊革命斗争陈列馆，位于潍坊滨海经济技术开发区的渤海走廊滨海革命展陈馆，作为铭记历史、传承红色精神的重要场所，承载着抗日战争时期中国共产党人在昌邑、潍县、寿光三县北部创建抗日根据地的辉煌历史。近年来，昌邑市牢固树立保用并重、全方位融入、互动式发展的理念，把革命文物保护利用融入党史党性教育、乡村振兴、文旅发展和改善民生中，使革命文物资源释放更新的时代价值、更好的社会效益和更优的经济效益。

1. 纪念馆概况

昌邑县抗日殉国烈士祠建于 1945 年春，位于昌邑市龙池镇，是全国现存为数不多的建于抗日战争胜利前、保存完好的烈士祠，现为全国重点文物保护单位。渤海走廊革命斗争陈列馆同样位于昌邑市龙池镇，2019 年 6

月29日正式开馆。该馆占地面积10余亩，建筑面积2600多平方米，包括展陈厅和报告厅两大部分，展出800余幅图片、200余件文物、10余尊雕塑，运用场景还原以及大量的声、光、电等特效设备，生动再现了潍坊“三北”地区党政军民保卫这条生命线的艰难岁月和伟大斗争。

渤海走廊滨海革命展陈馆位于潍坊滨海经济技术开发区，是在著名烈士朱剑秋同志故居旧址上翻建而成。该展馆从2015年开始挖掘整理相关史料，以保障“渤海走廊”抗战史为主线，运用文字叙述、原件翻拍、手绘场景等形式，集中再现潍坊滨海地区军民为坚守“渤海走廊”所进行的艰苦卓绝的伟大斗争。馆内展示大量实物、历史相片、文献资料、老人口述等相关资料，突出体现了先烈人物英雄事迹，内容丰富翔实，事迹震撼人心，生动勾勒出革命先烈们视死如归、勇往直前的伟大革命精神。

另外，还有昌邑西董胶北特委旧址、“红色马渠”、西海军分区后方医院旧址、李福泽事迹陈列馆、张智忠故居等专题展馆。

2. 现有场馆改造升级

对现有红色文化场馆进行改造升级是提升其文化传播效能的关键。昌邑市龙池镇历史悠久，人文底蕴丰厚，红色文化资源众多，是“渤海走廊”红色交通线的核心区。近年来，在昌邑市委、市政府的领导和支持下，龙池镇坚持全域发展思路，以昌邑市委党校新校和中小学生综合实践活动基地为核心，依托红色马渠、星火瓦城、英雄白塔三个文旅片区和渤海走廊革命斗争陈列馆、红色金融陈列展、全武红色文化收藏博物馆、龙池抗日战争纪念馆、陈干纪念馆五个展馆，打造全域红色文化格局，大批可移动革命文物、革命史料得到挖掘、征集、保存。场馆的改造升级从科学规划建设、数字化沉浸式展陈改造、红色文化资源挖掘三个维度切入，实现了场馆的迭代焕新。

（1）科学规划建设

近年来，昌邑市注重革命文物的保护，实施顶层设计规划，并发布文物安全工作意见，从而形成多方参与的保护应用体系。通过创新资金投入模式，修复了20多处革命文物点，有1700多人参与红色展馆建设，450多人捐赠了文物资料。

在“渤海走廊”沿线的重要历史节点，聘请专家团队对新建场馆作科学规划，构建“一核多极”的场馆网络体系。新建场馆坚持“在地性、创新性、可持续性”原则，构成红色文化传播的新地标。红色文化场馆突破单一展览功能，向“文化中枢”转型，构建集教育、研究、交流、服务于一体的复合型平台。

设计“时空信使”研学项目，学生通过角色扮演完成情报解密、地图绘制任务；开设“重走初心路”情景党课，建立“渤海走廊慕课平台”数字教育资源库，上线《红色生命线》《渤海英魂》等微课。

通过现有场馆的智慧化改造、新建场馆的创新性设计、功能体系的生态化拓展，“渤海走廊”红色文化场馆将实现从“静态展示”向“活态传承”的跨越。这一过程不仅需要技术手段的突破，更需立足地域特色、紧扣时代需求，让红色场馆成为凝聚历史记忆、启迪未来发展的文化灯塔。未来，随着信息技术的深化应用，红色文化场馆有望构建“虚实共生”的新型文化空间，为红色基因代际传承提供永续动力。

（2）数字化沉浸式展陈改造

引入虚拟现实（VR）、增强现实（AR）、全息投影等前沿技术，打破传统“展柜+图文”的静态模式。渤海走廊革命斗争陈列馆通过VR技术复原1942年反“扫荡”战役场景，观众佩戴设备后可360度观察战场地形，与虚拟角色（如八路军战士、支前群众）互动，体验运送“弹药”、救治“伤员”等任务；运用AR技术开发“时空对话”项目，扫描展品二维码即可触发历史影像。如扫描军号展品，可观看老战士口述当年传递信号的经历。

（3）红色文化资源挖掘

组建专家团队，深入挖掘镇街红色文化资源，科学规划布局，打造了龙池镇、卜庄镇、下营镇等一批“红色旅游+乡村旅游+党性教育”的红色文旅综合体。还规划设计东、西、南 3 条主线，将中共胶北特委旧址、昌邑县抗日殉国烈士祠、昌邑市革命烈士陵园等红色展馆串点成线、连线成面。大力推动红色旅游与生态旅游、历史文化旅游、乡村旅游等多种业态融合发展，打造 10 余条“红色旅游 +”研学线路，与 20 多家研学团队签订合作协议，30 多个机关企事业单位在昌邑设立研学基地。

3. 纪念馆的教育意义

“渤海走廊”系列展馆以保卫“渤海走廊”武装斗争史为主线，综合运用版面说明、实物展陈、视频播放、场景还原等多种形式，全面展示抗战时期昌邑、潍县、寿光三县党政军民同仇敌忾、不怕牺牲、用生命和鲜血保卫“渤海走廊”的战斗历程。在渤海走廊革命斗争陈列馆中，观众可以看到一件件珍贵的历史文物、一幅幅记录峥嵘岁月的图片，以及通过场景还原和特效设备呈现出的生动战斗场面。这些展陈不仅展示了革命先烈的英勇事迹和革命精神，也深刻揭示了抗日战争的残酷和艰辛。而在渤海走廊滨海革命展陈馆中，则更加注重对当地军民坚守“渤海走廊”的艰苦斗争的展示。这里不仅展示了大量实物、历史照片和文献资料，还通过手绘场景和老人口述回忆等方式，生动再现了那段烽火连天的岁月。特别是朱剑秋等革命先烈的英勇事迹和感人故事，更是让参观者深受感动和鼓舞。

红色场馆是传承红色基因、弘扬革命精神的重要载体。其能推动爱国主义教育，凝聚民族精神力量。红色场馆能真实还原历史场景，让参观者直观感受革命岁月。其中陈列的珍贵文物史料，为研究革命历史提供了一手资料。红色场馆讲述英雄人物事迹，激发人们对英雄的崇敬之情；以独特方式展示革命历程，增强教育的吸引力；为青少年提供校外教育场所，助力思想道德建设；促进不同地区红色文化交流，拓展文化传播范围；推动红色文化产业发展，带动地方经济增长。

“渤海走廊”系列红色展馆作为红色教育基地，具有重要的教育意义。它不仅让参观者了解了抗日战争时期的历史背景和革命先烈的英勇事迹，更激发了人们的爱国热情和民族自豪感。通过参观学习，人们可以深刻认识到中国共产党在抗日战争中的中流砥柱作用，以及人民群众在革命斗争中的伟大力量。它提醒我们铭记历史、不忘初心，继续发扬革命先烈的英勇精神和优良传统，为实现中华民族伟大复兴的中国梦而努力奋斗。

4. 群众共建共享更好传承红色文化

革命文物量大面广、人财物投入不足是制约其保护利用的短板。为此，昌邑市政府创新实施了共建共享模式，让群众在亲身参与中感受传承红色文化。在红色展馆建设中，改变单纯依靠政府投入的形式，引导社会力量积极参与，让镇村红色展馆建设成为群众自己的事。在展品征集过程中，采取了“众筹”的模式，由群众提供展品，所有权归群众，展馆拥有展示权，有效解决了革命文物展品征集难的问题。

深挖红色资源、创新传承载体、讲好红色故事，是把红色基因传承下去、用红色文化铸魂育人的重要途径。充分运用革命旧址、纪念馆、展览馆和各类纪念设施，就近就便开展体验教学、主题党日等活动，因地制宜开辟“第二课堂”，让旧址遗迹成为“党史教室”，让文物史料成为“党史教材”。开展“渤海走廊·红色课堂”系列活动、“小小红色讲解员”培育活动等，让革命文物以及其承载的红色文化直击人心。目前，昌邑市红色教育基地累计接待各类团体5200余批次、27.8万人，营造形成学习先烈、争当先进的浓厚氛围，让红色基因在传承中不断焕发时代光芒。

二、革命遗址遗迹的修缮与保护

革命遗址遗迹是红色文化的重要载体，不仅承载着中国共产党和人民群众在革命战争时期的斗争记忆，更是中华民族精神传承的宝贵财富。近年来，山东省高度重视红色文化资源的保护工作，采取一系列有效措施并取得了显著成果。各地加大了对革命遗址遗迹的修缮和保护力度，如投入大量资金对孟良崮战役纪念馆、台儿庄古城等进行修复和扩建，使其更好地展示革命历史文化。同时，加强了对红色文物的征集、整理和保护，建立了完善的文物档案和管理制度，利用数字化技术对珍贵文物进行保护和展示，提高了文物的安全性和可观赏性。此外，还通过立法等手段加强对红色文化资源的保护，为其传承和发展提供了法律保障。

“渤海走廊”作为连接胶东与清河、鲁中抗日根据地的战略通道，在中国革命史上具有举足轻重的地位。其沿线分布着大量的战壕、交通站、指挥所、烈士陵园等遗址，这些遗址是研究中国革命史、军事史和红色文化的重要实物见证。然而，由于自然侵蚀、人为破坏以及保护意识薄弱等多种因素，许多革命遗址遗迹正面临着严重的损毁风险。因此，加强对“渤海走廊”革命遗址遗迹的修缮与保护，对于传承红色文化、弘扬革命精神具有重要意义。

1. 遗址遗迹调查与评估

全面系统的调查评估是开展革命遗址遗迹保护工作的基础。为了确保保护工作的针对性和有效性，需要从历史价值、保存现状、风险等级等多个维度入手，对“渤海走廊”沿线的革命遗址遗迹进行全面细致的调查评估。

（1）多学科协同调查

一是历史考证。历史考证是确认革命遗址遗迹历史定位的关键步骤。史志、党史、档案等相关部门对“渤海走廊”沿线的革命遗址遗迹进行深入梳理考证。通过比对历史档案、回忆录、地方志等史料，更加准确地确认遗址的历史背景、功能作用以及相关历史事件和人物。

二是科技勘测。科技勘测是获取革命遗址遗迹现状信息的重要手段。运用三维激光扫描、无人机倾斜摄影等现代科技手段，对遗址进行高精度的建模和测量。这些技术不仅可以捕捉到遗址的细微结构和纹理信息，还可以帮助还原遗址的历史场景和布局。

三是口述史采集。口述史采集是补充历史档案缺失信息的重要途径。

通过抢救性采访亲历者及其后代，获取更多关于革命遗址遗迹的生动故事和历史细节。这些口述史资料不仅可以丰富对遗址历史背景的了解，还可以为后续的宣传工作提供宝贵的素材。因此，在调查评估过程中，应该高度重视口述史采集工作，积极寻找并采访相关的历史见证人。

（2）制定评估指标体系

为了更加科学、客观地评估“渤海走廊”沿线革命遗址遗迹的价值和保护需求，可以制定一套完善的评估指标体系。这套指标体系可以从历史价值、建筑价值、完整性、风险等级以及活化潜力等多个维度进行量化评分。

历史价值（30分）：主要评估遗址与重大历史事件、人物的关联性以及其在历史上的重要地位。例如，指挥过重要战役的将领故居、发生过重大战役的战场遗址等都具有较高的历史价值。

建筑价值（20分）：主要评估遗址的建筑风格、建造技艺以及建筑材料的独特性。例如，“渤海走廊”沿线的一些石砌地堡、土坯房等建筑就具有独特的建筑风格和建造技艺，反映特定时期的建筑水平和技术特点。

完整性（20分）：主要评估遗址现存结构与原貌的吻合度以及遗址内部设施的保存情况，完整性较高的遗址能够更好地展示其历史风貌和文化内涵。

风险等级（20分）：主要评估遗址受到自然侵蚀和人为破坏的威胁程度。这包括风化、雨水冲刷等自然因素以及盗挖、涂鸦等人为因素。风险等级较高的遗址需要进行更加紧迫的保护。

活化潜力（10分）：主要评估遗址是否具备教育、旅游等再利用条件以及未来开发的潜力。活化潜力较高的遗址可以通过合理的开发利用，实现红色文化的传承和弘扬。

（3）分级保护名录

根据评估指标体系对“渤海走廊”沿线的革命遗址遗迹进行量化评分后，可以将遗址分为不同的保护等级，并制定相应的保护名录。

一级保护遗址（80分以上）：这些遗址具有较高的历史价值和保护需

求，是“渤海走廊”红色文化的重要组成部分。对于一级保护遗址，应该实施抢救性保护措施，并优先申报省级、国家级文物保护单位。

二级保护遗址（60 ~ 79 分）：这些遗址虽然历史价值略低于一级保护遗址，但仍然具有重要的保护意义。对于二级保护遗址，应该进行预防性维护，确保其保存状态稳定。

三级保护遗址（60 分以下）：这些遗址保存状况较差或历史价值相对较低，但仍然具有一定的纪念意义。对于三级保护遗址，应该纳入监测体系进行动态监测，并根据实际情况采取相应的保护措施。

2. 修缮与保护方案制定

针对不同保护等级的革命遗址遗迹，需要制定差异化的保护策略。这些策略应该坚持“最小干预、修旧如旧、可持续利用”的原则，平衡保护与发展的关系。

（1）分级保护措施

对于一级保护遗址，应该采用“原址整体保护”的模式进行修缮和保护。这需要尽可能地保留遗址的原始风貌和历史痕迹，同时采取必要的结构加固和环境整治措施。例如，在保留表面弹痕等历史痕迹的基础上，可以对遗址进行结构加固，防止其进一步损毁。此外，还可以在遗址周边设置截水沟和植被缓冲带等环境整治措施，防止雨水侵蚀和人为破坏。

对于二级保护遗址，可以实施“局部修复 + 功能活化”的策略。这需要在保持遗址整体风貌的基础上，对局部损毁的部分进行修复，并探索遗址再利用方式。例如，可以将遗址改造为红色教育基地、纪念馆等，通过展示和宣传红色文化，实现遗址的活化利用。同时，还可以结合当地的文化和旅游资源，开发红色旅游线路和产品，促进当地经济的发展。

对于三级保护遗址，由于保存状况较差或历史价值相对较低，可以推行“数字化留存”的策略。即利用现代科技手段对遗址进行三维建模和数据保存，以便在需要时进行复原和展示。同时，还可以对遗址进行回填保护，防止其进一步损毁。在条件成熟时，可以考虑对三级保护遗址进行适当的开发利用，但前提是要确保其历史风貌和文化内涵得到充分的保护和传承。

（2）技术路线创新

在修缮与保护过程中，需要不断探索和创新技术路线，以提高保护工作的效率和质量。

一是传统工艺复原。传统工艺复原是保护革命遗址遗迹的重要手段，可以聘请非物质文化遗产代表性传承人等专业人员参与修复工作，确保修复后的遗址与历史记载保持一致。在修复石砌地堡等建筑时，采用传统的石材加工和砌筑技术，以恢复其原有的建筑风貌和工艺特点。

二是新材料应用。新材料的应用也是提高保护工作质量的有效途径，可以根据遗址的实际情况和需求，选择适合的新材料进行修复和加固。材料应该具有与遗址原有材料相似的外观和性能，以确保修复后的遗址与历史风貌相协调。同时，还应该具有更好的耐久性和抗腐蚀性，以提高遗址的保存寿命。

三是生物防治技术。生物防治技术是一种环保、可持续的保护手段，可以利用昆虫等生物对木材等建筑材料进行蛀木害虫防治处理，以减少化学药剂的使用和对环境的污染。投放特定的昆虫到木材中，利用它们的天敌关系来控制蛀木害虫的繁殖和扩散。这种生物防治技术不仅具有成本低、效果好等优点，还可以提高遗址的生态友好度。

3. 实施修缮与保护

在实施修缮与保护过程中，需要遵循专业化、标准化和科技化的原则，确保修缮工程的质量和安全。同时，需要构建“政府主导、专业支撑、社会协同、公众参与”的保护共同体，激发全民守护红色遗产的内生动力。

为了确保修缮工程的质量和安全，需要组建专业化的团队来负责实施工作。团队应该具备丰富的文物保护经验和专业知识，能够熟练掌握各种保护技术和方法。

一是标准化流程。在实施修缮与保护过程中，需要遵循标准化的流程来确保工作的规范性和有效性。这些流程包括遗址调查评估、保护方案设计、施工准备、现场施工、质量检查等多个环节。每个环节都需要有明确的规范和标准来指导工作的开展，以确保整个过程的科学性和规范性。

二是科技化手段。科技化手段是提高保护工作质量和效率的重要途径，可以利用现代科技手段辅助修缮与保护工作。例如，可以利用三维激光扫描技术对遗址进行高精度的建模和测量，利用无人机倾斜摄影技术对遗址进行全景拍摄和监测，利用物联网技术对遗址进行实时监测和预警等。这些科技化手段不仅可以提高保护工作的精度和效率，还可以为后续的宣传工作提供丰富的素材和资料。

三是构建保护共同体。首先，政府应该发挥主导作用，制定和完善相关政策法规，为革命遗址遗迹的保护提供有力的法律保障。政府还应该加大对保护工作的投入力度，确保修缮与保护工作的顺利开展。同时，政府还应该加强对保护工作的监督和评估，确保各项措施得到有效落实。其次，专业机构和专业人员是保护工作的重要支撑，需要依托文物保护单位、高校和研究机构等专业机构，加强对革命遗址遗迹的保护研究和技术创新。同时，还需要培养一支具备专业知识和实践经验的专业队伍，为保护工作提供人才保障。此外，社会组织和志愿者的参与也是保护工作不可或缺的一部分。可以鼓励和支持社会组织、企业等社会力量参与革命遗址遗迹的保护工作，通过捐赠、志愿服务等形式为保护工作贡献力量。最后，公众参与是保护工作的重要基础，应该通过各种渠道和方式，加强公众对革命遗址遗迹保护的了解和认识，激发公众的保护意识和热情。例如，可以开展红色旅游、红色教育等活动，让公众亲身体验革命历史，感受红色文化的魅力。同时，还可以鼓励公众积极参与保护工作的志愿服务和宣传活动，共同为革命遗址遗迹的保护贡献力量。

4. 保护工作的挑战与对策

在革命遗址遗迹的保护工作中面临着诸多挑战。这些挑战既包括自然环境的侵蚀和破坏，也包括人为因素的干扰和破坏。为了有效应对这些挑战，需要采取一系列对策和措施。

（1）自然环境侵蚀的挑战与对策

自然环境侵蚀是革命遗址遗迹保护面临的重要挑战之一。风雨侵蚀、地震等自然灾害都会对遗址造成不同程度的损毁。为了应对这一挑战，需要加强对遗址的监测和预警工作，及时发现和处理潜在的安全隐患。同时，还需要采取科学的保护措施，如加固结构、设置防护设施等，以减少自然环境对遗址的持续侵蚀和破坏。

（2）人为因素干扰的挑战与对策

人为因素干扰也是革命遗址遗迹保护面临的重要挑战之一。一些不法分子为了谋取私利，会对遗址进行盗掘、破坏。为了应对这一挑战，需要加强执法力度，严厉打击各种违法犯罪行为。同时，还需要加强对公众的宣传教育，提高公众对革命遗址遗迹保护的认识和重视程度。

（3）资金和技术支持的挑战与对策

资金和技术支持是革命遗址遗迹保护工作顺利开展的重要保障。然而，在实际工作中往往面临着资金不足和技术落后等问题。为了应对这一挑战，需要积极争取政府和社会各界的支持和投入，加大资金筹措力度。同时，还需要加强技术创新和引进工作，提高保护工作的科技含量和效率。

（4）保护和利用平衡的挑战与对策

在革命遗址遗迹的保护工作中，还需要处理好保护和利用的关系。一方面，需要加强对遗址的保护和修缮工作，确保其历史风貌和文化内涵得到充分地传承和弘扬；另一方面，还需要积极探索遗址地再利用方式，实现红色文化的传承和弘扬与经济社会发展的有机结合。为了应对这一挑战，需要加强对遗址的保护规划和设计工作，确保保护和利用工作的科学性和合理性。同时，还需要加强与相关部门的沟通协调，形成工作合力，共同推动革命遗址遗迹的保护和利用工作取得更大的成效。

总之，革命遗址遗迹的保护工作是一项长期而艰巨的任务，需要全社会的共同努力和参与，共同完成政策法规的制定和完善、专业队伍的建设和培养、社会组织和志愿者的参与以及公众的宣传教育等工作。同时，还需要积极应对各种挑战和困难，不断探索创新保护工作的方式方法。相信在全社会的共同努力下，一定能够让革命遗址遗迹得到更好的保护和传承，为弘扬中华民族精神、推动经济社会发展作出更大的贡献。

三、红色文化标识系统建设

1.“渤海走廊”红色文化标识系统建设的战略意义

（1）从历史维度来讲，“渤海走廊”红色文化标识系统建设是红色交通线的当代价值重构

“渤海走廊”作为抗日战争时期连接胶东、清河与延安的“红色生命线”，承担了输送 13 万两黄金、2400 余名干部及战略物资的使命，是山东乃至全国抗战胜利的关键枢纽。其沿线现存 46 处革命遗址（昌邑市占 31 处），包括中共胶北特委旧址、龙池镇“红色马渠”等核心节点，具有极高的物质与精神文化价值。

（2）“渤海走廊”红色文化标识系统的建设破解文化遗产活化难题

当前标识系统面临三大问题：一是覆盖不足，潍坊段 31 处遗址中仅 38% 设有标牌，且 60% 存在材质老化、信息滞后问题；二是体验单一，传统展板对游客吸引力低，平均停留时间不足 45 秒，交互项目占比仅 15%；三是区域割裂，烟台、潍坊、青岛三市标识标准不统一，跨区域导览路线缺乏衔接。

2. 红色文化标识系统建设的功能解析与创新实践

“渤海走廊”红色文化标识系统建设具有重要战略意义，本部分将从空间叙事、文化认同和教育革新三个方面进行阐释。

（1）通过空间叙事进行线性遗产的时空重构

空间叙事包括两个方面，一个是线性串联，一个是节点强化。线性串联是指将昌邑市 34 处红色景点、展馆整合为“一轴三带多核”叙事网络，设计东、西、南三条研学路线，串联“黄金运输”“秘密交通”等历史场景。节点强化是指在昌邑县抗日殉国烈士祠等关键节点，采用可旋转多媒体解说柱与全息投影技术，还原李福康“活剐 38 刀仍不屈”的英烈事迹，增强场景感染力。

（2）通过符号转译与在地化表达实现文化认同

符号转译可以通过构建视觉符号体系，提炼“红心向党”“黄金通道”等核心符号，设计统一标识与色彩体系（朱红色象征革命热血，金色呼应黄金运输主题）。在地化表达是指本土元素融入，比如通过胶辽官话方言导览、大鼓书非遗展演、《渤海走廊》音乐剧等形式，实现红色文化的本土化传播。

（3）通过教育革新实现科技赋能与分层传播

通过科技赋能实现交互体验，比如在青州段战壕遗址试点 AR 技术，游客扫描二维码可触发“虚拟战斗场景”，使参与感大幅提升。通过科技赋能实现分层导览，比如二维码矩阵系统提供“青少年版”“学者版”等多层次内容，如马渠村“时光地砖”镌刻 1941—1945 年关键事件，串联 108 名党员故事。

3. 现存问题与挑战

红色文化标识系统建设目前仍存在诸多困难和挑战，主要表现在以下几点：

（1）红色文化标识系统建设存在系统性与技术短板

从系统性上来看，目前红色文化标识系统建设仍是碎片化布局，比如滨海区央子街道“下大道”等历史路段缺乏标识串联，导致游客难以感知完整交通线脉络。从技术上来看，目前红色文化标识系统建设数字化滞后，智能导览覆盖率不足20%，部分AR场景建模粗糙，如滨海区试点项目未能还原黄金运输的盐碱滩细节。

（2）红色文化标识系统建设传播效能低、运维机制不完善

红色文化标识系统建设中青年群体参与度低，比如传统展板为主的展示方式导致青年游客占比小，参观时长普遍低于1小时。红色文化标识系统建设存在很大的资金与人才缺口，社会资本参与度低，专业设计团队匮乏，导致标识更新周期超过3年。

4. 红色文化标识系统建设的路径与优化策略

红色文化标识系统建设要从顶层设计、技术创新、运维机制三个维度进行路径优化。

（1）在顶层设计上构建全域标识网络系统

红色文化标识系统建设要构建全域标识网络，比如参照《革命文物保护利用“十四五”专项规划》，编制《“渤海走廊”红色标识系统建设规范》，统一材质、色彩与信息编码标准；空间整合方面：实施“211工程”，在200处红色村史馆基础上增设智能节点，形成“村史馆—专题馆—主体馆”三级导览网络，实现空间整合。

（2）在技术创新上实现数字化体验升级

红色文化标识系统建设要构建智能导览系统，比如开发集成LBS定位、VR实景导航的“红色云导览”小程序，实现跨区域景点“一键串联”；也可以通过技术创新创设沉浸式场景，比如在地下交通站遗址设计“密室逃脱”任务，游客需破解密码获取情报线索，有效带动青年游客占比提升至43%。

（3）在运维机制上要实现动态化与多元参与

红色文化标识系统建设要构建动态评估体系，设置内容准确度、设施完好率等指标，每半年更新数据，如昌邑市通过志愿者巡逻检查修复30%老化标识；同时也需要社会资本引入，比如采用PPP模式（政府与社会资

本合作）与企业合作开发文创产品（如黄金运输主题纪念章），反哺维护资金，滨海区通过红色文旅实现年增收 60 万元。

5. 实践案例

“渤海走廊”红色文化标识系统建设不仅是历史记忆的物质载体，更是红色精神当代转译的核心媒介。通过顶层规划、科技赋能与社区参与，标识系统可突破“静态陈列”局限，构建“可感知、可参与、可延续”的文化传播生态。在实践中需进一步探索标识系统与区域经济、教育体系的深度融合，使红色基因在新时代持续焕发生机，其中也涌现出一些经典案例。

马渠村标识系统改造

马渠村作为“红色莫斯科”，原有标识仅以简易展板呈现“一门四英烈”事迹，信息量不足且缺乏互动性。

改造策略：一是进行叙事强化，在赁铺胡同设置“时光地砖”，镌刻 1941—1945 年关键事件，串联 108 名党员故事脉络；二是通过科技融合，开发 AR“虚拟参军”装置，游客穿戴 VR 设备体验“护送黄金”任务，改造后青年游客占比提升至 43%。

实施成效：参观时长从 0.5 小时延长至 2.1 小时，村集体年增收 60 万元，成为“红色旅游 + 乡村振兴”示范案例。

四、物质文化资源整合与联动

1. 构建“渤海走廊”红色文化资源数据库

在国家文物局“革命文物保护利用工程”支持下，2020—2023 年开展的专项普查实现三个“首次”：首次完成 784 处不可移动文物的时空坐标测绘，建立包含经纬度、海拔高度、周边环境参数的三维地理信息系统；首次对潍河碉堡群进行弹痕弹道分析，通过弹道模拟技术还原利用河道地形进行的战术布局；首次将昌邑县抗日殉国烈士祠的136块碑文进行拓片数字化，结合OCR技术建立可检索的碑文数据库，其中1945年镌刻的《殉国烈士英名碑》经AI修复，清晰呈现327位烈士的籍贯、职务等信息。

（1）数据库的立体化建构与功能创新

一是多维度资源模块的深度开发。红色交通线专题库创设“时空穿越”交互功能，以1943年10月胶东军区司令员许世友穿越“渤海走廊”的真实路线为蓝本，开发动态时间轴：点击时间节点可查看当日天气、敌军布防、护送人员配置等历史数据，叠加现代卫星地图对比地形变化。建立“交通员数字纪念馆”，收录217位交通员的人物档案，其中19岁牺牲的女交通员陈兰的“遗物数据库”，包含其使用过的铜顶针（藏情报工具）、识字课本（内夹密信）、绣有“抗战杀敌”的鞋垫等17件文物的360度高清影像。运用战争记忆可视化系统，对潍河碉堡群12处遗址进行毫米级三维建模，开发“战斗场景解构”功能：点击碉堡墙面弹孔，可显示子弹型号（6.5 mm有坂弹/7.92 mm毛瑟弹）、射击距离（30—200米）、入射角（15—45度）等弹道数据。在昌邑县抗日殉国烈士祠虚拟展厅，运用光影技术还原1945年追悼大会场景，可点击查看3D建模的200位参会人员的真实身份及革命经历。

二是技术应用的突破性创新。智能采集系统的迭代升级——第二代“5G+AI”采集设备集成多光谱成像技术，可识别文物表面0.01毫米的褪色文字，成功修复1942年《“渤海走廊”物资运输清单》上被雨水侵蚀的23处数据。开发“记忆关联算法”，在处理口述历史时自动识别重复信息。如不同受访者提到的“1943年冬粮运输”事件，系统可生成包含时间、路线、物资种类、伤亡情况的综合叙事版本，准确率达92%。数据库管理的智能优化采用“知识图谱+区块链”技术构建资源关联网络，以“李福泽将军”为核心节点，关联其指挥的“五井战斗”（战役库）、使用过的望远镜（文物库）、《发射将军李福泽》纪录片（影像库）、后人撰写的回忆文章（文献库）等18类资源，形成立体人物画像。建立数据动态更新机制，当昌邑市博物馆新征集到“渤海走廊”相关文物时，系统自动触发“文物特征识别→史料记载比对→口述历史印证”多源校验流程，确保新增数据72小时内完成审核入库。

（2）数据库赋能社会发展的多元实践

一是教育应用的场景化创新。沉浸式教学生态构建“渤海走廊VR沙盘”课程，学生通过体感设备模拟1942年冬夜穿越封锁线：需根据数据库中的天气数据（-10℃，西北风5级）选择伪装方式，依据敌军巡逻路线（来自日军《华北治安战》实录数据）规划行进路径，完成任务后系统生成包含决策分析、历史知识掌握度的综合报告。市委党校“党性体检”系统接入数据库人物库：学员可选择陈志强、李福康等真实革命人物的革命经历进行情景模拟。青少年传承工程的立体化实施启动“红色基因种子计划”：小学阶段开展“绘制我的渤海走廊”电子地图创作活动，使用数据库中的地理信息数据和历史事件点，活动累计收到作品1.2万幅；初中阶段实施“文物活化”计划，学生为3000件革命文物撰写“第一人称独白”，如交通员胸章的自述《我曾见证13次深夜突围》；高中阶段开设“历史解码工作坊”，运用数据库的密码本、密电码等资源，开展战时情报加密解密实践，培养学生的历史逻辑思维。

二是文旅融合的产业化探索。沉浸式旅游产品开发——打造“渤海走廊24小时实景沉浸体验”项目：游客清晨在龙池镇领取“交通员任务包”，通过手机端AR导航穿越8处历史场景，在马渠村粮站旧址参与“烙煎饼支前”互动，傍晚在烈士祠广场观看全息投影剧《潍河的黎明》。该剧整合数据库中的32段口述历史，通过动作捕捉技术重现独立营战士阻击日军的悲壮场景。文创产品的叙事化开发——“记忆传承”系列文创：以潍河碉堡群弹孔为原型的金属书签，扫码可观看该碉堡在1943年战斗中的弹道分析动画；将交通员胸章转化为智能NFC徽章，触碰手机即可播放佩戴者的口述录音；推出“渤海走廊密码”系列解谜书，结合数据库中的密电码、密码本设计200个历史解谜关卡。

三是学术研究的平台化建设。搭建“渤海走廊红色文化研究云平台”，实现三大功能突破。跨库检索系统：打通国家图书馆、中国第二历史档案馆等8个国家级数据库，用户检索“渤海走廊＋物资运输”可同步获取1942年《山东省战时工作推行委员会训令》、日伪档案《诸城县治安肃正报告》、根据地《大众日报》报道等多源史料；知识发现工具：运用文本挖掘技术，自动生成“渤海走廊研究热点图谱”，2023年数据显示“交通线保护”“军民关系”“文化认同”成为高频研究领域；成果转化通道：设立“红色智库”专栏，收录山东大学、中国人民大学等高校团队基于数据库完成的CSSCI论文。

（3）可持续发展的保障体系建构

一是政策支撑的体系化设计。纳入《山东省文物事业发展“十四五”规划》，获得文化和旅游部“国家文化大数据体系建设”试点资质，制定《渤海走廊红色文化资源数据库建设与管理规范》，明确数据采集标准（涵盖12大类87项指标）、安全等级（涉密数据实行物理隔离）、开放权限（分公众浏览、研究申请、学术共享三级授权）。建立跨部门协同机制，实现文旅、党史、档案、教育等11个部门的资源共享与业务协同。

二是人才培养的立体化矩阵。专业人才培养计划：与中国传媒大学合作开设“红色文化数字化传承”硕士方向，设置《革命文物数字修复》《口述历史数据挖掘》等特色课程，培养更多的复合型人才。实施“双师型”导师制，校内导师侧重技术研发，校外导师（包括党史专家、老党员、非遗代表性传承人）提供实践指导，毕业论文需完成至少1项数据库功能模块开发或资源挖掘项目。社会力量培育工程：组建“渤海红”志愿者联盟，包含数据校对组、故事采集组、技术支持组，开发“志愿者管理系统”实现任务智能分发、进度实时监控、贡献值量化评估。设立“红色传承奖”，对连续服务满3年的志愿者授予数据库终身研究员权限。

三是长效运营的市场化机制。建立“公益＋市场”双轮驱动模式：公益端通过政府购买服务、社会捐赠保障基础运营；市场端开发企业定制化服务，如为红色文旅企业提供景区导览系统开发、为教育机构提供课程资源包、为影视公司提供历史素材库。设立“数据资产增值基金”，将部分收益反哺资源采集与技术升级，形成良性循环。

“渤海走廊”红色文化资源数据库的建设，不仅是对历史记忆的数字化存档，更是对革命精神的创造性转化。当3D建模的烈士祠在屏幕上重现历史烟云，当AI修复的口述录音传递出穿越时空的信念，当虚拟现实技术让后人触摸到战争的烽火，这些技术赋能的不仅是文化资源的保存，更是红色基因的当代激活。未来，随着元宇宙、数字孪生等技术的融入，数据库将从“资源集合体”升级为“精神共生体”，“渤海走廊”红色精神将在数字时代持续绽放光芒，成为跨越时空的精神坐标。

2. 打造红色文化旅游线路，串联物质文化景点

（1）渤海走廊的物质文化遗产

“渤海走廊”物质文化遗产以革命历史遗迹为主体，兼具自然景观与人文景观的复合特征，主要包括以下几类：

一是革命旧址与纪念建筑。如牛头镇抗日武装起义指挥部旧址（潍坊寿光）、胶北特委旧址（潍坊昌邑）、“红色马渠”（潍坊昌邑）等。这些旧址承载着具体的历史事件与人物事迹，是红色记忆的物质载体。

二是烈士陵园与纪念碑。如寿光烈士陵园、昌邑县抗日殉国烈士祠等，安葬着在“渤海走廊”斗争中牺牲的烈士，是缅怀先烈、开展爱国主义教育的重要场所。

三是历史博物馆与陈列馆。如渤海走廊革命斗争陈列馆（潍坊昌邑）、渤海走廊滨海革命展陈馆（潍坊滨海区）等，通过文物陈列、场景复原、多媒体展示等方式，系统呈现“渤海走廊”的历史脉络。

四是自然与文化复合景观。如渤海湾海岸线、胶莱河生态带、大泽山景区等，自然景观与红色文化交相辉映，为旅游线路设计提供了丰富的空间资源。

从空间分布看，渤海走廊物质文化遗产呈现“点多、线长、面广”的特征，主要沿胶莱河、潍河、渤海海岸线分布，以潍坊昌邑、寒亭、滨海、寿光为主要片区，为串联成线提供了地理基础。

（2）渤海走廊的物质文化遗产的核心价值

一是历史价值。“渤海走廊”物质文化遗产是中国共产党领导人民进行革命斗争的实物见证，记录了抗日战争时期根据地建设、军民协作、敌后斗争的历史细节，具有丰富山东革命史研究的重要价值。

二是文化价值。它孕育了以“忠于使命、勇于担当、顾全大局、无私奉献”为核心的“渤海走廊精神”，是中国革命文化的重要分支，具有鲜明的地域特色与时代内涵。

三是经济社会价值。作为文旅资源，其开发与利用能够带动区域经济发展，促进就业，改善基础设施建设，同时增强当地居民的文化认同感与自豪感。

（3）“渤海走廊”红色文化旅游线路打造的核心思路

一是以“主题串联”构建线路灵魂。红色文化旅游的核心是通过故事线、精神线、历史线的融合，赋予景点以情感共鸣与价值认同。“渤海走廊”旅游线路设计应围绕“红色生命线”这一主题，突出以下三条主线：历史叙事线：按照时间顺序串联重要历史事件，如1937年12月牛头镇起义，1938年潍县蔡家栏子起义、昌邑瓦城起义，1939年中共胶北特委成立以及建立情报站、挖“抗日沟”、沟崖伏击战、拔除日伪据点等，形成“从起义到胜利”的完整历史脉络。精神传承线：以“忠诚、担当、奉献”为关键词，通过烈士陵园、纪念馆、旧址等景点，展现军民同心、英勇抗敌的精神内涵，设计“重走英雄路”“聆听革命故事”等体验项目。地域特色线：结合渤海湾海洋文化、民俗文化、农耕文化等元素，将红色景点与当地特色产业（如寿光蔬菜大棚、昌邑柳疃丝绸、昌邑下营海产）、自然景观（如莱州湾湿地、潍河入海口、滨海沙滩）相结合，形成“红色＋绿色＋民俗”的复合旅游产品。

二是以“空间整合”优化线路布局。针对“渤海走廊”景点分散的问题，需从区域协同角度进行空间整合，构建“一轴三带多节点”的空间结构：“一轴”是指以“渤海走廊”历史通道为核心轴，沿胶莱河—潍河—渤海海岸线形成东西向主轴线，串联莱州、昌邑、寒亭、寿光等主要节点城市。“三带”是指昌邑红色文化带：以昌邑卜庄、下营、柳疃、龙池为重点，结合卜庄陆升勋展馆、下营李福泽故居、柳疃丝绸博物馆、龙池“红色马渠”和渤海走廊革命斗争陈列馆，打造“昌邑红色文化”主题线路。滨海生态文化带：串联蔡家栏子起义旧址、渤海走廊滨海革命展陈馆、滨海沙滩、河流等，突出“河流与革命”的共生关系。寿光革命文化带：以牛头镇抗日武装起义纪念馆为依托，结合陈少敏、马保三等展馆，设计徒步、研学等沉浸式体验线路。“多节点”是指将各区县的核心景点（如寿光三元朱村——中国农村改革样板、昌邑龙池红色文化小镇、昌邑青阜农业公社）作为重要节点，通过支线交通连接主轴线，形成“主线贯通、支线辐射”的网络体系。

三是以“体验创新”提升旅游吸引力。红色文化旅游的核心竞争力在于体验的深度与独特性。“渤海走廊”旅游线路应突破传统“参观 + 讲解”模式，融入多元化体验项目：情景再现类：在牛头镇起义旧址开展“沉浸式情景剧”，重现 1937 年起义场景；在昌邑“红色马渠”利用 VR 技术还原战斗、支前场景，让游客“身临其境”。互动参与类：设计“重走渤海走廊”徒步活动，沿途设置物资运输、情报传递等体验环节；在农村地区开展“军民大生产”体验，如采摘、磨面、做军鞋等。研学教育类：针对青少年群体，开发“渤海走廊红色研学课程”，包括历史讲座、文物修复体验、革命家书诵读等，形成“游中学、学中游”的教育模式。夜间经济类：打造“红色夜宴”“渤海星空故事会”等夜间项目，利用灯光秀、多媒体投影等技术，活化烈士陵园、纪念馆的夜间场景，延长游客停留时间。

（4）“渤海走廊”红色文化旅游发展的保障措施

一是政策保障。争取国家及山东省政府专项政策，将“渤海走廊”红色文化旅游纳入“黄河流域生态保护和高质量发展”“胶东经济圈一体化发展”等战略规划，在土地审批、资金补贴、项目立项等方面给予支持。建立跨部门协调机制（文旅、文物、交通、农业、教育等），形成合力。

二是资金保障。设立“渤海走廊红色旅游发展基金”，资金来源包括政府财政拨款、社会捐赠、企业投资等。鼓励采用PPP模式（政府与社会资本合作），吸引企业参与景区开发、基础设施建设。利用“革命文物保护利用专项资金”，重点支持旧址修缮、展览质量提升等项目。

三是人才保障。与高校、科研机构合作，建立“渤海走廊红色文化研究中心”，培养历史研究、文旅规划、红色教育等领域的专业人才。实施“红色文化传承人才计划”，引进策划、营销、管理等方面的高端人才，为旅游线路开发提供智力支持。

四是生态保障。在旅游开发中坚持“生态优先、绿色发展”原则，严格保护渤海湾海岸线、胶莱河湿地、潍河湿地等生态敏感区域，推广低碳旅游方式。将红色文化旅游与生态保护教育相结合，设计“守护渤海走廊”公益活动，如海岸线垃圾清理、湿地生态调研，实现文化保护与环境保护的双赢。

未来，随着资源数据库的持续完善、线路产品的迭代升级、协同机制的日益成熟，“渤海走廊”将从“红色旅游目的地”转变为“革命文化体验场”，成为兼具历史厚度、时代温度、地域特色的文化标识。这一过程不仅为其他地区红色资源开发提供借鉴，更向世人证明：当我们以敬畏之心守护历史，以创新之力激活传统，那些承载着民族记忆的物质遗存，终将在新时代绽放出更加璀璨的光芒。

第二节　弘扬“渤海走廊”精神文化

一、明确文化内涵

“渤海走廊”精神文化是抗日战争时期山东军民在艰苦卓绝的敌后交通线斗争中形成的宝贵精神财富。面对日伪军的严密封锁和残酷“扫荡”，广大军民以忠于使命、勇于担当的坚定信念，用鲜血和生命构筑起连接胶东、清河、鲁中抗日根据地的“红色生命线”；以顾全大局、无私奉献的顽强意志，守护和保卫这条战略通道，为抗日战争胜利作出了不可磨灭的贡献。它深刻诠释了中华民族在危难时刻所迸发出的强大凝聚力和战斗精神，是中国共产党领导下人民战争伟力的生动体现，也是中国革命精神谱系的重要组成部分。其核心内涵集中体现为：忠于使命、勇于担当、无私奉献、顾全大局。

1. 忠于使命：用生命守护红色通道

“三北”抗日军民将保障“渤海走廊”畅通视为绝对使命，以钢铁意志完成战略任务。

黄金运输显忠诚。1940 年冬，胶东抗大支校副校长贾若瑜率部护送 3 万两黄金穿越“渤海走廊”。昌潍独立营严格执行“绝对保密”命令，历经敌占区重重封锁，无一人泄密、无一两黄金丢失，最终将“红色血脉”安全送达山东分局，为延安输送关键经费。

秘密交通筑信仰。1940 至 1943 年，“渤海走廊”护送黎玉、许世友等 2400 余名党政军干部往返胶东与鲁中，传送文件 300 余件。地下交通员化身“隐形守护者”，如昌邑青乡情报小组渗透日伪据点，通过伪保长、伙夫等建立情报网络，确保党中央指令及时传递，用行动诠释“使命必达”的政治信念。

2. 勇于担当：绝境中挺身抗敌的血性

面对日伪军的“扫荡”“蚕食”，“三北”抗日军民以血肉之躯筑起抗敌防线，在危局中主动出击。

武装起义展锋芒。1938年，中共鲁东工委在日军占领寿光、潍县、昌邑县城后，迅速集结七、八支队近两千人，举行鲁东起义，包括寿光牛头镇起义、潍县蔡家栏子起义、昌邑瓦城起义。尽管武器简陋，但展现出“敢打硬仗”的担当精神。

智斗日顽护通道。1942年，日伪军强迫百姓挖壕切断“渤海走廊”。昌邑独立营派神枪手混入工地制造混乱，夜间组织群众填平壕沟，并通过伪保长传递假情报，迫使日军停工。同年冬，抗日军民开挖“抗日沟”，实现“村村相连、沟沟相通”，将平原地形转化为游击战场，使日伪军“扫荡”屡屡扑空，彰显“以巧破敌”的斗争智慧。

3. 无私奉献：舍家为国的无我精神

昌邑军民为革命事业甘洒热血、不计得失，用生命和汗水书写奉献篇章。

英雄辈出照汗青。中共瓦城区委书记孙汉三被捕后拒透机密，高呼“要杀就杀”，慷慨就义；昌潍中心县委书记王炳亮与日伪军激战至最后一刻，中弹牺牲；七区区委书记李福康被日伪军用刀割38刀，仍坚贞不屈。他们以生命践行“革命气节高于天”的伟大气节。

全民支援筑根基。群众自发参与生产建设，昌邑县大队开荒种麦千余亩，实现军粮自给并支援群众；妇女组建制鞋厂，日产布鞋数十双；兵工厂收集废弹壳制造武器，支援前线。更有“一门六英”孙阁田送六子参军、赵大娘冒死认“子”救干部等，诠释了“舍小家为大家”的家国情怀。

4. 顾全大局：服从全局的战略自觉

“三北”抗日军民始终以革命整体利益为先，在党组织统筹下协同作战，展现出高度的组织纪律性。

部队整编听指挥。1938年，七、八支队合编虽遇分歧，但仍服从鲁东工委决定，先协同攻打柳疃据点，后奉命东进胶东、西进清河，最终整编为山东纵队主力，成为“老一团”核心力量，为扩大抗日根据地版图甘当“战略棋子”。

跨区支援显格局。1941年，昌邑与潍县武装合编为昌潍独立营，统一指挥作战；解放战争时期，8200余名昌邑子弟参军，3.3万人次支前，淮海战役中担架队随军转战4省30余县，行程4000公里，用“全国一盘棋”的大局观支援战略决战。

“渤海走廊”的文化内涵是“三北”抗日军民在血与火的淬炼中凝结的精神遗产。这种精神既体现在枪林弹雨中的使命必达，也渗透于平凡岗位上的默默坚守，更彰显于面对全局时的毅然抉择，成为激励后人“忠诚信仰、担当奉献”的永恒动力。

“渤海走廊”所淬炼出的“忠于使命、勇于担当、顾全大局、无私奉献”精神，是中国共产党人初心使命在齐鲁大地上的具体体现，是伟大抗战精神和沂蒙精神的重要组成部分，是潍坊乃至山东极其宝贵的红色文化遗产。传承和弘扬“渤海走廊”精神，就是要铭记那段用鲜血和生命铺就的红色征程，从中汲取奋进力量，激励人们在新的历史征程中，继续发扬忠于职守、敢于负责、甘于奉献、胸怀大局的优良品格，为实现中华民族伟大复兴贡献力量。这不仅是历史的回响，更是照亮未来的永恒灯塔。

二、演绎红色经典

红色经典的演绎是红色文化传承的核心路径之一。它通过艺术化的表达将抽象的革命精神具象化为可感知、可传播的文化符号。“渤海走廊”作为抗日战争时期连接胶东、清河、鲁中抗日根据地的“生命通道”，承载着“人金共存亡”的悲壮历史与集体记忆。近年来，昌邑市以音乐剧

《渤海走廊》、微电影《渤海英魂》、长篇纪实文学《生命密道》以及《渤海走廊红色文化教育丛书》《渤海走廊系列连环画册》等为载体，构建起立体化、多维度的红色经典演绎体系，深入剖析了红色经典艺术重构的内在逻辑与实践价值，探索历史记忆与当代审美的融合之道。

1.“渤海走廊”影视作品的创作与传播

以“渤海走廊”为背景，创作高质量的影视作品。通过精彩的剧情、生动的人物形象和震撼的战争场面，展现“渤海走廊”沿线的英雄故事和革命精神。邀请知名导演、演员参与制作，提高作品的艺术水平和观赏性。在制作过程中，注重历史真实性和艺术感染力的结合，使观众在欣赏作品的同时，深刻感受到“渤海走廊”精神文化的内涵。

在“渤海走廊”影视作品的创作与传播过程中，涉及多个环节和专业的协作。从初期的创意构思到最终的市场推广，每一步都至关重要，影响着作品的成效。一部作品的面世要经历创作、拍摄、后期制作、传播四个阶段。

创作阶段包括剧本创作、角色设定、场景规划等。剧本是影视作品的核心，决定了“渤海走廊”故事的方向和叙事的方式。创作过程中，要将“渤海走廊”红色故事情节、角色性格以及对话进行深度挖掘，确保剧情的吸引力和合理性。同时，将剧本的文字转化为影像，通过镜头语言、演员的表现以及场景设计来实现剧本的视觉化。拍摄阶段需要导演、摄影师、演员、制片人等专业人员的密切配合、各种现代技术的运用及“渤海走廊”红色文化的细节处理。每个细节都需要精细打磨，以确保最终呈现的效果符合创作初衷。后期制作包括剪辑、音效处理、配乐、特效制作等。要对“渤海走廊”的拍摄素材的筛选和排列，构建出流畅的红色叙事结构。音效和配乐则为影片增添了情感深度和氛围，特效的使用则能够增强视觉冲击力。传播阶段包括制定“渤海走廊”营销策略、制作宣传材料、组织首映礼以及通过各类媒体进行推广。宣传方式从传统的海报、预告片到社交媒体的推广和网络口碑的积累，对提高作品的曝光率和观众的关注度起到很大作用。

总体而言，“渤海走廊”影视作品的创作与传播是一个复杂而系统的过程，每一个环节都需要精心策划和执行。创作的核心在于红色文化内容的创新和艺术表现，而传播的关键在于市场的把握和观众的触达。在两者之间找到最佳的平衡点，是“渤海走廊”红色文化影视作品传播成功的关键。

案例：微电影《渤海英魂》

近年来，昌邑市深入挖掘本地红色资源，总结提炼100多个有深度、有温度、有激情的革命题材故事，先后制作完成《渤海英魂》《英烈的“儿子”》《发射将军》等50多部微电影、微视频。《渤海英魂》是最具代表性的微电影之一。该片以真实人物为原型，讲述了昌邑北白塔村革命烈士陈龙飞新婚过后随部队奔赴胶东后英勇牺牲的故事，表现了昌邑儿女为民族解放事业无私奉献、勇于牺牲的感人事迹。

影片注重刻画普通人的奉献精神，通过平民化叙事展现革命年代普通人的抉择与牺牲。这种“以小见大”的手法，使观众更易产生情感共鸣，增强历史代入感；在拍摄中运用超高清技术，对昌邑现存的战时故居等实景进行艺术化呈现，强化了历史场景的真实感。同时，通过短视频平台投放、借助“爱昌邑”APP、“学习强国”学习平台、“灯塔—党建在线”等网络平台进行资源共享，设置互动话题（如“寻找渤海英魂后人”“我为烈士寻亲”等），吸引年轻观众参与讨论以及媒体关注。该片获第二届中国长三角（盐城大纵湖）微电影大赛优秀微电影作品奖，在第三届“五个一百”网络正能量精品评选中获评全国“百部精品网络正能量动漫音视频”，在第十一届山东青年微电影大赛中获故事片三等奖。

《渤海英魂》不仅是一部红色微电影，更是“渤海走廊精神”的艺术化载体。它通过真实的历史再现、创新的表达方式和多元的传播路径，让革命记忆跨越时空，成为激励当代人砥砺奋进的文化力量。未来，随着更多科技手段与创作理念的融入，此类作品有望在红色文化传承与国际影响力提升中发挥更大作用。

2.“渤海走廊”系列文艺演出的推广

潍坊市组织以红色经典为主题的拍摄、制作和演出活动，选定有影响力的剧本或作品，整合优秀编剧、导演和演员团队，力求拍摄高质量的文艺作品。在戏剧、音乐剧和舞蹈演出的策划阶段，结合红色经典作品的历史背景，融入创新元素，使演出既传承经典又充满新意。排练期间，确保演出中涉及的红色历史题材和人物形象真实可信，演员通过演技、音乐和舞蹈表现出该主题的深厚文化底蕴。

为了确保演出的高质量及拥有广泛观众基础，有关部门需制定详细的推广策略。首先，建立专业的宣传团队来进行市场调研和目标受众分析，以制定针对性的推广计划。利用社交媒体平台等线上宣传渠道，发布演出相关信息，如预告片、幕后花絮、演员访谈等，提升观众的期待感和参与度。还通过传统媒体，如电视、广播、报纸等进行综合宣传。举办新闻发布会和首映礼，邀请媒体和相关领域的专家参与，以提升演出的知名度和曝光度。

支持地方文化团队和艺术家的创作也是推广红色经典演出的重要方式。可以通过资助和合作的形式，帮助地方艺术团队获得创作和演出的资源。建立专项基金或奖项，鼓励地方艺术家创作关于红色经典题材的作品。同时，组织地方艺术团体与专业剧团的交流与合作，提升地方团队的演出水平，并扩大其影响力。举办以红色经典为主题的艺术创作大赛或展览，发掘和培养更多具备创作潜力的艺术人才，为其提供展示平台。

此外，与社区组织及教育机构合作，开展红色经典文化普及活动，增加社会各界对红色经典题材的关注。通过演讲、讲座和互动展览等形式，增加观众对红色经典文化的了解和兴趣。

案例：音乐剧《渤海走廊》

音乐剧《渤海走廊》以1940—1943年间的真实历史事件为蓝本，聚焦“黄金大护送”这一核心叙事。创作团队历时两年完成史料挖掘，先后走访渤海走廊革命斗争陈列馆、昌邑县抗日殉国烈士祠等23处遗址，采集老战士口述资料57份，整理出“智取敌哨”“三送密信”等32个关键事件。剧中人物“鲁卫华”原型为昌邑早期共产党员，“昌红柳”则综合了多位女交通员的事迹，形成典型化艺术形象。

该剧在形式上突破传统红色叙事的单一性，融合音乐、舞蹈、戏剧等多种艺术元素。音乐创作以山东地方曲调为基础，结合吕剧、昌邑民歌和现代交响乐，主题曲《痴情永不改》以“柽柳红，芦花白”的意象，隐喻革命者如盐碱地柽柳般坚韧的生命力。舞台设计上，采用虚实结合的布景手法，舞台布景复刻昌邑盐田、潍北芦苇荡等地理特征，用光影模拟“火烧云”护送任务的紧张场景，以“黄金通道”的象征性道具串联起七幕剧情，强化了视觉冲击力。

自2021年首演以来，音乐剧《渤海走廊》累计演出数十场，覆盖观众超一万人次，成为昌邑红色教育的“流动课堂”。剧中角色“昌红柳”的忠诚与牺牲精神，激发了观众的情感共鸣。该剧还通过进校园、进社区巡演，推动红色经典文化从“单向灌输”向“沉浸体验”转变，成为党史学习教育的鲜活教材。

综上，演绎红色经典以艺术重构激活历史资源，用现代语态重述红色经典，最终实现红色文化从记忆保存到价值再生的质的飞跃。由此，也总结出当代红色文化演绎需要遵循的“三力模型”：

历史定力：坚守史料真实性，建立严谨的学术支撑体系；

艺术张力：运用跨界手法增强表现力，避免程式化表达；

传播活力：借助新媒体技术，构建年轻化话语体系。

三、讲好红色故事

红色故事承载着中国共产党领导人民在革命、建设和改革过程中创造的宝贵精神财富，蕴含着丰富的爱国主义、集体主义、社会主义教育元素。

学生承载着国家和民族寄予的厚望，必须坚定文化自信，争做昂扬进取、守正创新、面向未来的中国文明的建设者。中国红色故事需要年轻一代来讲，讲好红色故事对于落实立德树人根本任务、培养担当民族复兴大任的时代新人具有不可替代的重要作用，也是当代大学生坚定理想信念，坚守精神追求，培育社会主义核心价值观的力量源泉。通过构建全方位、立体化的育人体系，让红色文化浸润校园，可使红色基因真正融入学生成长血脉。

1. 构建红色故事资源库

以“渤海走廊”文化为切入点，系统梳理革命遗址、英雄事迹等素材，开发情景化宣讲内容并通过情景剧再现历史场景。以微观故事形式转化为青少年可感知的红色资源，提炼红色精神内核与时代价值的连接点。

2. 形式创新与技术赋能

突破传统说教模式，构建“沉浸式 + 数字化”双轨传播。组织学生走进革命烈士纪念馆、革命遗址。同时依托短视频、云游览开展情景宣讲与互动，而红色直播课则助力实现线上线下联动。

3. 校内校外协同育人

开设校本红色课程，将课程中融入本地红色文化资源，讲述本地在革命与建设时期的独特故事，增加课程的吸引力与亲近感。设立红色文化专题研究板块，引导学生探究红色文化与当代社会的联系，培养学生的研究能力与创新思维。组建红色主题社团，定期组织主题学习活动。鼓励社员挖掘身边的红色故事，让红色故事在校内口口相传。校外联动“渤海走廊”相关革命场馆建立实践基地，鼓励学生参与到红色故事讲解中，通过讲解身边的红色故事深刻体会“渤海走廊”及红色故事精神。

4. 塑造“红色 +”品牌

举办微视频、短视频创作展播，打造“红色文化月”等 IP 活动。采访当地老人、探访红色遗迹、收集红色素材。将素材融入特效与音乐，制作优质短视频内容在官媒等平台展播，让红色文化借新媒体之力实现破圈传播。在动态评价体系里，通过“红色青年”评选考核学生在日常行为中对红色精神的践行。实施红色实践学分制，切实参与到红色基地志愿服务中来，服务达相应时长、完成高品质红色主题调研等可获相应学分。依据学生的学习收获、实践成果、文化传播效果等多方面反馈，及时优化后续活动形式与评价标准，促使“学习—实践—传播—反馈”的良性循环不断升级，让红色文化在校园中扎根生长。

学校通过多维度协同发力，通过课程融合、技术赋能、校内外协同育人，构建起有历史深度、情感温度、时代鲜度的红色教育生态，让红色故事成为青年学生精神的源头支柱、精神纽带，实现“润物无声，铸魂育人”的教育目标。

高校辅导员是开展大学生思想政治教育的骨干力量，是广大青年学生成长成才路上的知心人、热心人、引路人，肩负着为党育人、为国育才的重要职责，在讲好红色故事、传承红色基因中承担着重要使命。可结合新时代青年认知的特点与育人规律，构建“四维一体”红色育人体系：

一是筑牢红色阵地，构建沉浸式育人场景。以空间重构为总抓手，构建线上线下联动的红色文化育人场域。线上依托数字化红色资源库、云剧场等新媒体平台，运用短视频、直播等新形式传播红色文化，实现教育资源的及时共享与互动。线下建设红色教育基地，通过主题展厅、文化长廊等载体，将红色元素融入学生日常生活场景，形成“沉浸式”育人环境。这种虚实结合的阵地建设，突破了传统思政教育的时空限制，使红色文化渗透到学生学习与生活的每个角落。

二是组建红色队伍，全方位协同化育人。发挥高校辅导员的枢纽作用，整合校内外育人资源。组建一支由党史专家、行业楷模、革命后代构成的“红色导师”团队，通过专题讲座、访谈对话等形式传承红色基因；其次培育辅导员“红色讲师”队伍，提升其理论素养和叙事能力，打造红色精品课程；最后选拔优秀学生组建“红色导学”组织，以青年话语讲述红色故事，实现红色教育的贯通衔接。

三是创新红色体验式课程，打造立体化育人载体。构建红色育人课程群，开发红色主题的通识类课程，系统阐述红色文化思想内涵与精神；创设“音乐思政课”等体验式课程，通过角色扮演、艺术创作等方式增强代入感；同时整合本地红色场馆资源，开发系列以短视频为载体的微课、慕课等课程。通过历史逻辑与现实相结合，确保红色故事的时代性；宏大叙事与个体经验相结合，增强教育的亲和力；知识传授与价值引领相结合，实现润物无声的育人效果。

四是深化红色实践，贯通知行合一。辅导员设计并推动红色文化在学生思想中认同并转化为行动自觉的举措。组织重走“渤海走廊”等红色足迹研学活动，引导学生在革命旧址中感悟精神力量；开展“红色志愿服务”行动，鼓励学生参加红色宣讲、社区服务、“返家乡”等乡村振兴社会实践；支持学生创作短视频、微电影，设计文创产品等文化成果。通过实践成果展示、心得分享等方式巩固育人成效，培养学生扎根基层、服务社会的责任担当。

新时代背景下，讲好红色故事不仅是传承革命精神的重要途径，更是高校学生坚定理想信念、厚植家国情怀的关键载体。作为红色基因的传承者与传播者，高校青年学子应首先系统学习历史理论体系，通过文献研读、档案梳理等方式把握历史脉络。结合《中国共产党简史》等权威著作，理解重大历史事件背后的必然性与偶然性，避免对红色故事的碎片化解读。与此同时也应注重微观史学的运用，可从一封家书、革命根据地的日常生活等细节为切入点，还原当时鲜活的历史场景。以“以小见大”的叙事视角增强历史故事的真实性，引发情感共鸣。

当代青年学生的信息接收习惯要求红色故事传播必须突破传统模式。这就促使高校与现代文化产业相互融合，运用数字技术构建沉浸式体验，如通过 VR、云浏览，重现红色经典场景。亦可将红色元素融入艺术创作中。通过音乐、动漫和短视频等新兴载体，如用数字化设计再现“渤海走廊”路线，利用B站、抖音等平台开展红色故事宣讲接龙等活动，以更加直观、青年化的方式呈现学生面前，使单向灌输转变为双向互动。通过青年话语体系实现红色精神的当代表达，让革命传统焕发新的生机。

5. 以实践深化情感认同

红色故事的传播效能最终体现在实践转化中。鼓励大学生通过暑期“三下乡”、返家乡等系列实践活动重走红色路线，走访革命旧址，使实践突破时空限制，将抽象精神转化为具象感知。同时建立常态化志愿服务活动机制，为学前儿童开设红色绘画课堂、讲解红色故事等，实现以大带小的携手传承。在专业学习融合中，信息技术相关专业学生通过开发红色文化数据库建设；文创商贸相关专业学生融合红色素材的创新设计；大学生艺术社团再创革命题材舞台剧等，实现专业知识与红色教育的有机统一，在“做中学”模式中深化对红色精神的理解。

6. 创作赋能，打造青年化红色 IP

高校校内联合马克思主义学院、团委等多部门，开展“红色文化月”系列活动。开展红色家书诵读、讲红色故事等活动。通过“红色故事新编”创作，用舞台剧、音乐的方式重构革命故事。此外，利用自媒体平台构建传播矩阵，以“穿越时空对话”视角推出系列 vlog（视频日志），结合革命故事、热点话题进行二次创作；通过“特种兵式旅行”串联红色地标打卡活动。同时，利用校园广播、团委公众号等媒体平台，定期推送红色故事。在校园广播中，开设“红色故事之声”栏目，每天定时广播红色故事；校媒体公众号定期发布图文并茂、形式多样的红色故事内容。

7. 朋辈引领，组建传帮带计划

在红色文化育人中，充分发挥学生骨干的示范作用。通过“红色社团”等青年组织，定期组织学生参加红色观影会、党史知识竞赛。开展“1+n”

传帮带计划，由学生骨干牵头组建学习小组，通过“红色故事再创擂台赛”等形式辐射更多的同学，形成全员参与的氛围。同时建立跨校联盟。学生联盟组织走出校园，与社区合作，开展红色故事进社区活动。为社区的老人、孩子讲述红色故事，丰富社区文化生活，让红色文化走进千家万户。同时还可以与其它兄弟高校共享资源、联合策划主题活动。

高校学生应以主人翁意识将红色叙事融入日常学习与生活，用青春视角诠释历史记忆，以创新表达激活文化基因，让红色故事在新时代绽放持久生命力。这种参与不仅实现了从被动接受到主动传播的转变，更通过青年视角的再诠释，让红色故事在新时代焕发新光彩。青年学生也唯有将学习力、创新力、行动力相结合，方能真正让红色基因融入血脉，在新时代续写属于青年一代的红色篇章。

高校深入开展“讲好红色故事”主题教育，成效显著。通过学生“讲”与辅导员“导”的双向发力，有效激发了广大学生的爱党爱国情怀，增强其历史责任感和民族自豪感。学生层面，通过组织“讲红色故事”主题班会、故事大赛、国旗下演讲等形式，鼓励学生主动挖掘、精心准备、生动讲述革命先辈的感人事迹和崇高精神，在自主参与中深化理解。辅导员层面，依托思政课堂、专题讲座、新媒体宣传等平台，结合党史、新中国史、改革开放史和社会主义发展史，讲述重大历史事件、英雄人物故事及其时代价值，引导学生感悟红色精神谱系。在校园内营造崇尚英雄、学习楷模、赓续红色血脉的浓厚氛围，切实筑牢青年学生的信仰根基，激励他们自觉将红色基因融入青春奋斗。

学生讲“渤海走廊”红色故事案例一

陈挺：从唱《儿童团团歌》开始打鬼子

陈挺（原名魏振财），1925 年生于山东昌邑马渠村。母亲为本村首任妇救会会长，哥哥参加抗联。受家庭熏陶，1939 年，14 岁的陈挺参加革命工作。1941 年，任昌邑县儿童团团长，带领团员执行站岗放哨、侦察敌情、捉汉奸、送情报、宣传抗日等任务。1942 年加入中国共产党。他至今能完整唱起《儿童团团歌》，并强调儿童团壮大了抗日力量，培养了革命接班人。

1939 年，亲历八路军陈龙飞率县大队反击百余名日伪军“扫荡”。战斗在村外河桥激烈展开。八路军凭借地形优势，以汉阳造、猎枪、自制火枪及威力巨大的“抬杆”土炮顽强阻击。从清晨激战至黄昏，最终击退敌人并乘胜追击，粉碎日伪军“扫荡”。此战极大鼓舞了群众，掀起参军热潮。各村普遍建立民兵和救亡组织，形成“全民皆兵”局面。

陈挺在抗战中三次负伤。最严重一次发生在 1945 年 4 月至 5 月间，他率区中队于西利渔村伏击，遭数倍日伪军包围。指挥突围白刃战中，他夺枪击毙伪军官，却被另一敌兵刺刀贯穿肺部。危急时刻，他忍痛踢倒敌人，在战友帮助下脱险。

作为抗战历史的见证者和参与者，他于 2015 年参加中国人民抗战胜利 70 周年阅兵仪式。他激动于国家铭记老兵，更深切怀念牺牲的战友，强调抗战胜利是无数像他们这样的“很小很小一分子”用艰苦卓绝斗争换来的，为自己是抗战大军一员而自豪。

学生讲“渤海走廊”红色故事案例二

徒手擒“飞贼”

1944 年 1 月 7 日晨，一架日军飞机因机械故障坠毁于昌潍平原虞河入海口东利渔村附近。机舱内爬出一名日军飞行员，试图逃窜。

村长王永松命基干民兵队长徐广进、民兵徐广庆携手榴弹和钐杆（长柄镰刀）前往探查。发现飞行员约 20 岁，身着飞行服，手持钢管。双方对峙时，飞行员草书“大日本皇军”示威。徐广进以草棒回写“中国第一八路军”反制。飞行员逃窜中，徐广进投掷手榴弹未爆，反被敌拾获。敌将手榴弹与钢管组合，以航空子弹为引信制造简易武器反击未果。

村支书孙法章、村长王永松率孙法显等十余名民兵增援，分兵求援军区并展开追捕。狂奔 5 公里后，飞行员力竭持钢管顽抗。孙法章指挥民兵四面合围，趁敌慌乱时大喝“拿了吧！”众人一拥而上将其制服。押解途中，飞行员假意接食物突袭民兵徐广义，被徐广庆以钐杆击倒，终被捆绑押回。

渤海军区骑兵接走俘虏，经审讯确认为侵华日军华北派遣军司令冈村宁次的远房侄子山田井马（第一飞行师团中尉）。日军撒传单要求谈判。渤海第五军分区以山田井马换回被俘的渤海区党委社会部长李震、临淄县长李铁锋等40余名干部战士。

当夜，孙法章组织寿光、潍县民兵与村民用畜力将飞机残骸拖至弥河滩隐蔽，拆卸机枪、电台。第五军分区在东利渔村召开表彰大会，奖励民兵日军“瓜弹”手榴弹一箱及边区造子弹50发。

此事件展现敌后民兵的机智勇猛：以简陋武器制服武装飞行员，彰显群众抗战伟力；通过战俘谈判成功营救重要干部，创鲁东地区军事外交范例。

辅导员讲“渤海走廊”红色故事案例一

巧拔东冢伪据点

1941年春，山东昌邑县城北25公里处的东冢阁伪军据点，由张惠东中队盘踞，阻挠我清河、胶东根据地交通，祸害百姓。昌邑县委决心拔除该据点。

鉴于县大队兵力、装备劣势，县委决定智取：一是发动政治攻势瓦解敌军；二是派遣内线策反；三是加紧练兵。四区区长江枫带领区中队，利用夜色在东面民房后对据点伪军喊话、点名警告、演唱《流亡三部曲》，揭露日军暴行，宣传我军政策。攻势见效，伪军士气动摇。其中的关键突破在于成功争取了伪军中有影响力的东北籍士兵徐好信，他痛恨日伪，愿作内应。

麦收前夕，县委判断伪军将下乡抢粮，决定趁其不备动手。县大队制定了详细作战计划，分五个突击组负责不同目标，林瑞伍大队长率部接应。行动当晚（约1941年5月某夜），乌云密布，漆黑一片。内线徐好信按约定在10点到12点站岗。董京颐率第一突击组率先接近据点，以猫叫为号与徐好信接头。徐敞开大门，四个突击组迅速鱼贯而入，直扑正殿、东西厢房、南屋及阁下马车店等伪军驻地。随着信号（田夫连长击掌），各组同时破门突入。睡梦中的伪军在手电光、刺刀和“缴枪不杀”的喝令下惊醒，魂飞魄散，包括中队长张惠东在内的90余名官兵未及抵抗便全部被俘。

此战我军未费一枪一弹，成功拔除东冢据点，缴获长枪100余支、短枪4支及大批弹药物资，沉重打击了日伪气焰，保障了根据地交通畅通。其巧妙智取的战例至今为人称道。

辅导员讲“渤海走廊”红色故事案例二

巾帼楷模曹爱华

曹爱华（1886—1947），昌南县曲家七沟村贫苦农民。青年丧夫后独力抚养子女、侍奉老人，饱尝艰辛。1945年抗战胜利后，她目睹共产党领导人民重建家园，毅然加入共产党，誓言“豁上命也要跟党走”。

入党后，她将家建成南孟区党的核心联络站。徐文彬、滕洪祥、刘德堂等党组织负责人常在她家开会食宿，她无微不至照料：粮食短缺时让家人吃糠咽菜，省下地瓜粗粮供给同志；见区干部生病，当即变卖家当买药救治。其家成为党组织在敌占区最可靠的“红色堡垒”。

1946年任村妇救会会长时，面对国民党匪特伪装潜入、暗杀破坏的威胁，她组织妇女手持大刀长矛，配合民兵昼夜巡逻，对内监视地主恶霸，对外盘查可疑行人。常深夜与自卫团长查岗，因防守严密，敌人多次偷袭均告失败。

同年8月反奸诉苦运动中，地主散布“国军反攻”谣言致群众畏缩。她率先召集妇女，含泪痛陈：“穷人头上三把刀——租重、债高、税如牛毛；面前三条路——逃荒、讨饭、坐监牢！”字字血泪破除恐惧，带动几十名妇女动员全家参会。诉苦会上群众纷纷清算血债，斗倒恶霸。

1947年任县贫农翻身委员会委员时已年过六旬。县委照顾其年迈，行动不便，赠毛驴代步，她反更奔走于山会集市，编唱民歌宣传土改：“穷人把身翻，吐净了苦水，土地回家转……”同年春，敌特暗杀两名妇女干部并威胁她，她毫不退缩。于秋日转移群众途中被捕，面对酷刑宁死不屈，英勇就义。

辅导员讲“渤海走廊”红色故事案例三

孙阁田家“一门六英”

在昌邑北部渔洞埠村，贫苦农民孙阁田的故事传颂至今——他先后将6个儿子送上战场，用“一门六英”的壮举诠释家国情怀。

1938年，孙阁田一家靠1.2亩涝洼地维生，小女儿饿死、大女儿早嫁，他和长子孙同忠常年给地主扛活。当八路军鲁东游击队在西永安村整编时，他认清“只有共产党能让穷人翻身”，便鼓励22岁的孙同忠深夜参军。同忠作战勇猛，从战士升为团参谋长。

1940年，昌潍游击大队到来，孙阁田让19岁的次子孙同孝辞掉扛活的差事，跟老乡大队长林瑞伍入伍；16岁的四子孙同爱软磨硬泡，也随二哥一同参军。同孝很快升为排长，同爱当通讯员屡受表扬。

1943年，日伪顽“扫荡”时，伪保长逼孙阁田召回儿子，他宁死不屈被吊绑活埋，最终被迫卖地赎身。他带全家逃到根据地马渠村，又将16岁的五子同信、14岁的六子同和送入昌邑县独立营。此时，三子孙同义仍留在家中。

1945年6月，四子孙同爱在战斗中牺牲，孙阁田强忍悲痛说“牺牲值得”，转头又把唯一在身边的三子同义送上战场。至此，6个儿子全部参军。昌邑县政府赠予他家“一门六英”锦旗，在数千人表彰大会上，孙阁田夫妇胸前红花闪耀——他用“满门忠勇”的抉择，在齐鲁大地上树起“舍家为国”的精神丰碑。

从破草房到授勋台，孙阁田用“送子参军”诠释了人民的选择，跟党走是绝境中的光，卫国保家比血脉延续更重千钧。那面“一门六英”锦旗，昭示着齐鲁大地上一介农夫托起家国天下的巍峨脊梁！

四、与现代产业融合发展研究

“渤海走廊”作为抗日战争期间中国共产党人在“三北”创建的狭长根据地，是胶东军区通往沂蒙根据地和延安的重要战略通道，在革命历史上具有举足轻重的地位。其所承载的不畏艰险、英勇斗争、无私奉献的精神，是宝贵的红色财富。在新时代，推动“渤海走廊”精神文化与现代产业融合，对于传承红色基因、促进区域经济发展、丰富文化产业内涵具有重要意义。通过社区参与、数字化展馆建设、制作共享网络云资源以及科技赋能、跨界融合等方式，能够让“渤海走廊”精神文化在现代社会中焕发出新的生机与活力。

1.“渤海走廊”精神文化与现代产业融合的必要性

（1）传承红色基因的需要

随着时间的推移，年轻一代对革命历史的了解逐渐减少。通过与现代产业融合，可以创新红色文化传承方式，让更多人尤其是年轻人在参与产业活动的过程中，深入了解“渤海走廊”的革命历史和精神文化，使红色基因得以代代相传。

（2）促进区域经济发展的需要

“渤海走廊”所在地区可以依托丰富的红色文化资源，发展红色旅游、文化创意等产业，吸引游客和投资，带动当地餐饮、住宿、交通等相关产业的发展，促进区域经济增长，推动乡村振兴。

（3）丰富文化产业内涵的需要

将“渤海走廊”精神文化融入文化产业，能够为文化产业注入新的内涵和活力。开发具有地域特色和红色文化元素的文化产品和服务，如红色主题的文艺演出、文创产品等，可以满足人们日益多样化的文化消费需求，提升文化产业的竞争力。

2.“渤海走廊”精神文化与现代产业融合的策略

（1）社区参与

发动社区居民参与红色文化传承活动。组织社区居民开展红色故事讲述、红色文化展览等活动，让居民成为红色文化的传承者和传播者。例如，昌邑市龙池镇马渠村深入挖掘了当地的红色文化资源，发动村民回忆先辈故事，并整理成文；鼓励社区居民参与红色旅游服务：开展相关培训，提升社区居民的服务意识和专业技能，让他们参与到红色旅游景区的讲解、餐饮、住宿等服务工作中，此举既增加居民收入，又能让游客感受到更加亲切、真实的红色文化氛围；引导社区参与红色文化产业项目建设：鼓励社区以土地、劳动力等要素入股红色文化产业项目，如参与红色主题民宿、农家乐的建设运营，使社区在产业发展中获得更多收益，同时增强社区对红色文化产业的认同感和责任感。

（2）数字化展馆建设

利用 VR 和 AR 技术打造沉浸式体验。在“渤海走廊”相关展馆中应用 VR、AR 技术，重现革命历史场景，如战斗场面、根据地生活等，让观众身临其境地感受革命岁月，增强参观的趣味性和吸引力。例如，可以开发一款 VR 体验产品，让观众仿佛置身于“渤海走廊”的战斗中，与抗日军民一同作战。建设数字化展馆平台，将展馆的文物、史料、图片等资源进行数字化处理，实现 24 小时开放，方便全球观众随时随地参观学习。同时，在平台上设置互动功能，如在线留言、讨论区等，促进观众之间的交流和对红色文化的深入探讨。与社交媒体合作推广数字化展馆，利用微信、微博、抖音等社交媒体平台发布数字化展馆的宣传内容，吸引用户关注和分享。例如，制作精美的短视频介绍数字化展馆的特色和亮点，引导用户点击链接进入线上展馆参观。

（3）制作网络共享云资源

一是录制红色文化主题课程。邀请专家学者、党史研究人员等录制关于“渤海走廊”历史文化的课程，包括革命历史讲解、精神内涵解读等，上传至网络云平台，供学校、社区、企事业单位等下载学习，作为开展红色教育的资料。

二是创作红色文化主题文艺作品。组织文艺工作者创作红色题材的歌曲、舞蹈、戏剧、小说等文艺作品，并将其数字化后上传至网络云资源库，丰富红色文化的传播形式。例如，昌邑创作的“渤海走廊之歌”，歌词通俗易懂，旋律朗朗上口，深受广大市民喜爱，得到广泛传唱。

三是建立红色文化资源数据库。整合“渤海走廊”相关的历史文献、图片、音频、视频等资料，建立数据库，实现资源的分类管理和共享。同时，提供便捷的搜索功能，方便用户快速查找所需资源。

（4）科技赋能

利用大数据分析游客需求：一是通过对红色旅游景区游客的来源地、年龄、性别、游览偏好等数据进行分析，了解游客需求，为景区优化服务、开发产品提供依据。例如，根据数据分析发现年轻游客对互动体验式项目更感兴趣，景区可以据此增加相关项目的建设。二是应用人工智能技术提供智能导览服务。在红色旅游景区引入人工智能导览系统，游客通过手机APP即可获得个性化的导览服务，包括景点介绍、路线规划、语音讲解等。同时，人工智能导览系统还可以根据游客的提问提供实时解答，提升游客的游览体验。三是借助区块链技术保护红色文化知识产权，对与红色文化相关的文创产品、文艺作品等，利用区块链技术进行知识产权保护，确保创作者的权益。同时，通过区块链技术实现文化产品的溯源，让消费者了解产品的创作、生产过程，增强对红色文化产品的了解与信任。

（5）跨界融合

一是与教育产业融合开展红色研学旅行：开发“渤海走廊”红色研学旅行线路和课程，与学校、教育机构合作，组织学生开展研学活动。通过实地参观、实践体验等方式，让学生在学习中传承红色基因，培养爱国主义情怀。例如，设计一条包含参观渤海走廊革命斗争陈列馆、体验当年抗日军民生活等环节的研学线路。二是与农业产业融合发展红色乡村旅游：

结合“渤海走廊”所在地区的农业特色，发展红色乡村旅游。例如，在乡村建设红色主题的采摘园、农家乐等，让游客在体验乡村生活的同时感受红色文化。同时，利用红色文化提升农产品的附加值，开发具有红色文化元素的农产品品牌。三是与影视产业融合创作红色题材影视作品：鼓励影视制作公司以“渤海走廊”历史故事为蓝本，创作电影、电视剧、纪录片等影视作品，通过影视作品的传播力扩大“渤海走廊”精神文化的影响力。例如，拍摄关于“渤海走廊”抗战历史的电影，展现革命先辈的英勇事迹。

3. 渤海走廊精神文化与现代文化融合案例分析

（1）昌邑市龙池镇马渠村

在革命战争年代，马渠村是保卫“渤海走廊”的指挥中心，拥有丰富的红色文化资源。近年来，马渠村积极推动红色文化与现代产业融合。在社区参与方面，发动村民参与红色情景剧表演、组建红色马渠秧歌队和京剧同乐会，全村从事红色演出的群众超过 70 人，村民成为红色文化的传播者。在数字化建设方面，虽然目前可能还处于起步阶段，但可以借鉴先进经验，逐步打造数字化展馆，展示马渠村的革命历史。在产业融合方面，马渠村以红色文化为依托，开发红色旅游产品，建设现场教学点，开展沉浸式体验活动，吸引了众多游客和研学团体。2023 年以来，共接待研学团体 262 个、近 7000 人，全面叫响了“渤海南、昌潍北、龙池红”文化品牌，带动了当地经济发展。

（2）渤海走廊革命斗争陈列馆

该陈列馆通过丰富的实物和图片展示了“渤海走廊”的革命历史。在数字化建设方面，可以进一步加强，如利用 VR、AR 技术打造沉浸式展览，让观众更加直观地感受历史。在跨界融合方面，可以与教育机构合作，开发针对不同年龄段的红色教育课程，将陈列馆作为教育实践基地。同时，开发与陈列馆相关的文创产品，如书籍、纪念品等，通过线上线下渠道销售，既传播了红色文化，又实现了一定的经济效益。

“渤海走廊”精神文化与现代产业融合具有广阔的发展前景和重要的现实意义。通过社区参与、数字化展馆建设、制作共享网络云资源、科技赋能和跨界融合等策略，可以让“渤海走廊”精神文化在现代社会中得到更好地传承和发展，同时促进区域经济增长和文化产业繁荣。在实施过程中，需要政府、企业、社区和社会各界的共同努力，不断创新融合方式和手段，打造具有特色的红色文化产业发展模式，为实现中华民族伟大复兴的中国梦提供精神动力和文化支撑。未来，随着科技的不断进步和社会的发展，“渤海走廊”精神文化与现代产业融合还将不断探索新的路径和方向，创造更多的价值。

五、“渤海走廊”跨区域合作与交流

以昌邑为核心，实现“渤海走廊”红色文化的跨区域合作与交流，不仅是对革命历史的传承与弘扬，更是推动区域经济社会协同发展的重要抓手。在还原红色脉络、强化集体记忆的历史维度，凝聚精神共识、打造区域品牌的文化维度，激活文旅产业、助力乡村振兴的经济维度，促进城乡互动、培育时代新人的社会维度，服务国家发展大局的战略维度等方面意义深远。“渤海走廊”红色文化要实现跨区域合作与交流，需立足其历史资源禀赋，结合区域协同发展战略，通过以下路径实现多层次联动：

1. 顶层设计：构建区域协作机制

（1）成立红色文化联盟

初期，联合“渤海走廊”沿线城市，如昌邑、寒亭、滨海、寿光等签署合作协议，成立政府引导、市场运作、社会参与的跨区域红色文化合作平台，整合资源、统一品牌、共享客流、协同发展，逐步扩展至鲁中、胶东地区，最终成立“渤海走廊红色文化保护与传承联盟”。

（2）编制跨区域红色旅游规划

一是做好资源普查与评估工作。梳理昌邑、寒亭、滨海、寿光及周边地区（烟台、青岛等）的革命遗址、纪念馆、烈士陵园、历史档案等红色资源；重点挖掘“渤海走廊”的独特价值，如秘密交通线、抗战故事，对资源进行评级，核心资源（如昌邑革命纪念馆、交通站遗址）重点开发，辅助资源如红色村落、革命后代口述史补充体验。其中，昌邑县抗日殉国烈士祠是为纪念在抗日战争中牺牲的昌邑独立营及八路军鲁东抗日游击队第七支队烈士而建；渤海走廊滨海革命展陈馆是在潍坊滨海区著名烈士朱剑秋同志故居旧址上翻建而成，以保障“渤海走廊”抗战史为主线，运用多种形式集中再现潍坊滨海地区军民为坚守“渤海走廊”所进行的艰苦卓绝的伟大斗争。

二是做好市场需求分析工作。对党政机关、青少年、普通游客等群体需求进行合理定位，对比沂蒙山、胶东（烟台、威海）红色旅游产品，寻找差异化切入点，满足不同群体对于红色研学、党建活动、爱国主义教育、文旅融合体验等方面的需求。

（3）跨区域线路设计

一是设计主题线路。“烽火交通线”核心线路：昌邑（红色交通站）→莱州（秘密联络点）→烟台（地雷战纪念馆）→威海（刘公岛）。特色体验：昌邑：“穿越渤海走廊”VR 沉浸式体验；烟台：地雷战实景演出；威海：甲午战争与红色海上交通对比展。

二是完善交通衔接。推动“渤海红色旅游专线”直达公交（昌邑—烟台）的公路交通建设；争取“胶东红色旅游专列”（青岛—潍坊—烟台）的铁路专线；开发“渤海红旅”小程序，提供跨区域导航、语音讲解。

2. 资源整合：打造共享平台

（1）数字化资源共享

数字化资源共享不是简单“上网”，而是通过技术赋能、机制创新、生态共建，让红色文化“活起来”“联起来”“火起来”。昌邑以建立“渤海走廊红色文化数据库”平台为纽带，整合昌邑市档案馆、博物馆、烈士陵园等资源，与周边地区博物馆、纪念馆实现线上联动展览，推动“渤海走廊”从“物理联通”迈向“数字共生”，为全国红色文化数字化提供样板。

（2）联合学术研究与教育

联合学术研究与教育是深化红色文化传承、提升“渤海走廊”红色文化影响力的关键路径。通过整合高校、研究机构、中小学及社会教育资源，形成“研究—教学—实践”闭环，实现红色文化的学术价值挖掘与教育功能拓展。

构建“政—校—研—社”协作机制。高校负责理论攻关、课程开发、人才培养，研究机构负责档案整理、专题研究（如“渤海走廊”在抗战中的战略作用），中小学负责教学实践、研学活动，政府负责政策协调、资金保障、成果转化。

3. 文旅融合：创新合作模式

（1）红色旅游差异化联动

实现红色旅游的差异化联动，关键在于避免同质化竞争，突出各地特色资源，形成互补共赢的旅游产品体系。如昌邑聚焦“秘密交通线”，突出“隐蔽战线、情报传递”特色，打造“红色地下交通体验”核心 IP；开发交通站遗址 VR 复原、密码破译互动游戏、交通员角色扮演等项目，与烟台（地雷战纪念馆）、临沂（沂蒙精神）形成主题呼应。

（2）文创产业协同开发

一是实现红色文化产业的协同开发，需要整合“渤海走廊”沿线的资源优势，通过统一规划、分工协作、IP 共享、市场联动，形成产业链互补、效益倍增的发展模式。构建“1+n”产业体系，统一打造“渤海走廊”品牌形象，各地围绕核心 IP，发展特色子产业。二是产业链分工与互补：上游内容共创，各地提供特色历史素材，委托专业团队开发剧本、游戏、动漫等内容；中游产品协同开发，邀请知名设计师打造系列化文创，如“交通员”形象盲盒、昌邑版配密信，开发“渤海走廊”主题小程序游戏，昌邑关卡为解密，滨海关卡为战术对抗；下游市场联合运营，如在各市景区设立“渤海走廊文创专卖区”，互相代销产品，共建线上电商平台。

4. 传播推广：共塑品牌影响力

举办“渤海走廊红色文化节”，轮流在昌邑、滨海、寿光等地举办，结合红色马拉松、革命故事演讲赛等吸引流量；联合央视或省级媒体拍摄纪录片《秘密交通线》，强化区域集体记忆。

5. 产业延伸：红色赋能乡村振兴

实现红色文化赋能乡村振兴，需要将“渤海走廊”红色文化资源与乡村特色产业、生态资源、文化传统深度融合，形成“红色引领、多元驱动”的发展模式。

（1）打造“红绿古”复合型乡村景区

昌邑市将龙池镇红色村落与潍水湿地生态结合，开发“红色研学+湿地观鸟”线路，在修复革命遗址的同时，配套建设生态民宿、骑行绿道。

（2）开发沉浸式乡村红色体验

在昌邑瓦东村复原20世纪40年代“秘密交通站”，游客可参与“送情报”“烙煎饼”等任务，收益归村集体；夜间经济延伸，利用村内空地打造“红色露天影院”，播放老电影，带动农家乐消费。

（3）培育“红色带头人”

从老党员、烈士后代中选拔村干部，组织赴井冈山、浙西南学习“红色乡村”治理经验；设立“红色乡风积分”，村民参与遗址保护、讲述红色故事可兑换生活用品。

（4）建设红色文化村落

对昌邑白塔村进行改造，外墙绘制“渤海走廊”主题壁画，村史馆增设“革命家书展”；成立“红色导游队”，由村民担任讲解员等。

六、构建红色文化教育体系

高校构建红色文化教育体系，是落实立德树人根本任务的战略选择。通过顶层设计筑牢根基、协同育人拓展格局、立体实践强化体验，形成“认知—认同—践行”的完整育人链条。“渤海走廊”精神内涵作为地域特色红色文化，为高校红色文化育人提供了独特的地域化资源，有助于实现红色文化与人才培养的深度融合。

1. 加强顶层设计，构建“理念—制度—资源”三位一体的规划体系

构建“理念—制度—资源”三位一体的顶层设计体系，是学校深化红色文化育人的核心支撑。通过塑造“理念引领方向、制度夯实基础、资源赋能实施”的闭环体系，为红色文化育人提供规划体系。

（1）深化理念引领，确立“红色铸魂”育人目标

第一，战略定位融入办学体系。高校应将红色文化教育纳入“大思政”育人体系，明确“以红铸魂、以文化人”的教育理念，将红色文化中的理想信念、家国情怀、奋斗精神转化为育人目标。将“渤海走廊”精神内涵纳入学校人才培养方案，明确“地域红色资源赋能时代新人培养”的办学特色。在学校培养方案中增设“传承‘渤海走廊’精神内涵”专章，将“铁心向党”的政治品格、“团结奉献”的价值追求写入校训、校风，形成“一校一精神”的育人标识，构建“历史传承—现实观照—未来引领”的教育逻辑，使红色文化成为学校发展的精神标识。

第二，成立红色文化专项研究机构。整合马克思主义学院、宣传统战部、团委等部门力量，组建“渤海走廊红色文化研究中心”，开展三大工程。一是精神内涵挖掘工程，系统研究“渤海走廊”等红色文化的内涵特质与时代价值，联合地方党史办编纂推出《渤海走廊革命史》等相关学术成果，召开“渤海走廊精神内涵与新时代育人”学术研讨会；二是育人理论创新工程，构建“政治引领—价值塑造—实践养成”三维育人模型，论证渤海走廊精神内涵与“大思政课”“三全育人”的契合点；三是资源转化规

划工程，制定《渤海走廊精神内涵育人五年行动计划》，明确课程建设、实践基地、文化品牌等重点任务。

（2）加强制度保障，建立考核评价长效机制

将红色文化教育纳入学校党建考核、课程思政评价体系，比如，将“渤海走廊精神内涵”融入“课程思政”教学竞赛、教师年度考核，规定专业课教师每年至少设计1个“渤海走廊+专业”教学案例（如机械专业讲授“根据地兵工制造中的工匠精神”）；将红色文化育人成效纳入学校建设考核指标，设立“校地协同育人专项奖”，表彰在红色课程开发、实践基地建设中表现突出的团队；将学生参与红色实践纳入综合素质评价体系，作为评优、推免的重要参考。

（3）加强资源整合，打造全域化红色资源库

一是数字化资源开发。建设“渤海走廊数字博物馆”，运用VR技术1∶1还原“清河军区地下交通站”“胶莱河突围战”等场景，开发“沉浸式重走渤海走廊”互动系统，学生可通过手机端选择“情报员”“八路军战士”“群众”等角色，完成物资运送、躲避搜查等任务。制作“红色文化”系列微课：联合中央党史和文献研究院专家，以“一封未寄出的家书”“最后一碗米做军粮”等微观视角，制作微课短视频，微课嵌入“精神关键词+专业启示”（如给计算机专业学生讲解“抗战时期密码技术与科技创新”）。

二是实物资源活化。立足地方红色文化，开发校本化教育资源。在校史馆设立“渤海走廊专区”，陈列革命文物（如根据地军民自制的土枪、独轮车、粮票）、珍贵文献，设置“触摸历史”互动屏，学生可通过手势放大查看文物背后的故事；建立“口述史数据库”，采访革命后代、历史亲历者，录制视频资料，分类标注“忠诚”“奋斗”“奉献”等标签，供师生检索学习。

2. 协同育人，构建“校地共生”立体化教育网络

构建红色文化育人体系需立足“校地共生”逻辑，既要挖掘地方红色资源的独特价值，又要通过教育反哺地方文化传承。学校应成为红色文化的“解码者”（学术研究）、“传播者”（教育教学）、“践行者”（实践创新），与地方政府、社会力量形成“资源共享、平台共建、人才共育”的立体化网络，让红色基因在新时代青少年心中生根发芽，实现培养时代新人与服务地方发展的双向赋能。

（1）课程融合，打造“立体化”红色育人课程群

一是思政课程主渠道深耕，在《思想道德与法治》《形势与政策》等思政课程中嵌入本地红色案例，挖掘本土红色基因，联合地方政府、党史办、文化和旅游局等部门，梳理本地红色历史脉络，建立“校地共建红色资源地图”，将烈士陵园、纪念馆、革命旧址等转化为“行走的思政课堂”。设计“红色情景课堂”，通过角色扮演、辩论会等形式活化教学内容。

二是学科课程隐性渗透，结合学科特点融入红色元素。在历史学科中开展“渤海走廊革命人物年谱”研究性学习；在语文学科中赏析红色家书，组织“红色诗词创作”比赛；在艺术学科中编排红色主题歌舞剧，将地方非遗与红色故事结合。

三是实践课程沉浸式体验，开发“红色研学”必修学分课程，设计“重走渤海走廊”“红色产业调研”（如昌邑红色文旅与乡村振兴结合案例）等线路，要求学生完成调研报告或文创作品。与地方红色场馆签订共建协议，挂牌“实践教学基地”，定期组织师生参与文物修复、史料整理等工作，实现双向赋能（如学校为基地提供志愿服务，基地为学校开放独家史料）。

（2）文化浸润，营造“全域化”红色校园生态

一是物理空间浸润。在校园内建设“红色文化长廊”“革命人物雕塑群”，如设置“渤海走廊”主题展厅；在教室、宿舍区张贴本地红色标语、名言，打造“一院一特色”红色文化角。

二是品牌活动培育。打造“红色文化节”系列活动，学生通过红色经典诵读、红色歌曲演唱比赛、红色演讲比赛、红色主题辩论赛等活动深入了解革命历史；七一前夕开展“老党员进校园”主题党日活动，邀请地方老党员讲述革命故事；寒假组织“红色家庭走访”，鼓励学生记录家族中的红色事迹（如祖辈参与地方建设的经历）。

三是网络空间拓展。运营“校地共建红色育人”专题网站，整合地方红色资源动态、学校育人成果；利用微信公众号推出“红色昌邑·每周一星”栏目，连载本地革命人物传记，形成线上线下联动的文化传播矩阵。

（3）加强师资建设，打造“双师型”红色教育队伍

一是校内师资专业化培养。组织教师参与地方红色文化研修班，支持思政课教师申报“红色文化育人”相关专项课题；开展“红色教学设计大赛”，将地方红色课例纳入教学考核指标。

二是校外导师库建设。聘请地方党史专家、红色场馆研究员、老党员担任兼职教师，组建“校地红色育人导师团”，定期举办“红色教育工作坊”；邀请非遗代表性传承人、红色企业家（如参与地方红色产业建设的创业者）分享“红色精神在当代”实践课程。

三是教师实践能力提升。要求教师每学年参与至少 1 次地方红色基地调研，将调研成果转化为教学案例；鼓励教师带领学生团队参与地方红色文化保护项目（如口述史整理、文物数字化存档等）。

3. 搭建“体验—服务—创新”立体化实践平台

构建红色文化教育体系需立足实践导向，通过“体验—服务—创新”三位一体的立体化平台设计，将红色文化从历史记忆转化为现实行动力。“渤海走廊”精神内涵作为革命文化的重要组成部分，为实践平台的构建提供了丰富的思想资源和行动指南。

（1）开展沉浸式红色研学

以“渤海走廊”革命遗址、展陈馆等为核心，组织学生和群众开展沉

浸式研学活动。昌邑“渤海走廊革命斗争陈列馆”通过历史照片、实物展陈和手绘场景，再现军民保卫走廊的壮烈斗争，让参与者身临其境感悟革命精神。昌邑市还通过整合中共胶北特委旧址、马渠村等红色资源，打造党性教育综合体，形成“红色旅游＋研学”的体验模式。

一是设计“重走渤海走廊”品牌活动。设计“三日两夜”沉浸式研学路线：第一天溯源寻根。参观昌邑渤海走廊革命斗争陈列馆，聆听讲解员讲述“夜送黄金”的历史；在龙池抗日殉国烈士祠举行祭扫仪式，学生代表诵读祭文《致“渤海走廊”先烈书》；夜宿村民家中，与老人共话“当年俺爷爷藏伤员”的故事。第二天实践淬炼。徒步穿越10公里“历史走廊”，模拟“物资运送”任务，每组领取“粮食”（沙袋）、“情报”（加密信件），需在“日军封锁线”（设定关卡）前合作制定通过策略（如伪装成农民、分散运输）；抵达目的地后，分组搭建“战地帐篷”，体验军民共居的艰苦环境。第三天精神升华。开展“渤海走廊精神与新时代使命”现场研讨，学生结合专业谈感悟。最后举行结项仪式，颁发纪念勋章，录制集体宣誓视频“请党放心，强国有我——渤海走廊誓言”。

二是组织田野调查。设立专项课题，支持学生团队开展深度调研：如“渤海走廊红色民谣收集与当代转化”“革命后代口述史中的精神传承密码”，调研成果纳入大学生创新创业训练计划，优秀报告报送地方政府作为红色文旅开发参考。

（2）开展红色志愿服务

一是“红色文化”志愿服务社会实践。师生组建“红色文化”调研实践团队，通过“百万大学生进社区”“三下乡·返家乡”等活动开展红色文化志愿服务社会实践。比如，走进中小学开展“红色文化小课堂”，用漫画、动画、情景剧等向青少年传递精神；深入社区举办“银发初心”活动，为老年人播放“渤海走廊”纪录片，组织老党员分享“我的入党故事”，形成代际精神对话。通过访谈红色人物、挖掘红色故事、积累红色感悟，形成调研成果，引导学生传承红色基因、坚定理想信念。

二是“红色守护”专项行动。在遗址维护方面，地理信息相关专业学生利用无人机测绘“渤海走廊”沿线遗址，建立三维数据库，为文物保护提供技术支持；在乡村服务方面，组建“乡村振兴”实践队，赴“渤海走廊”沿线乡村开展助农直播、红色文旅规划，助力乡村振兴与精神传承融合发展。

（3）创新创业融入实践

一是打造“红色＋双创”课程体系。首先是主干课程嵌入，在《创新创业基础》《商业计划书撰写》等课程中融入红色创业案例，解析红色文化中的创新基因；其次是创新创业融合实践，设计“红色文创产品开发”“革命遗址数字活化”“红色文旅 IP 打造”等实践项目，将课程作业转化为创业方案雏形。

二是建设“校内孵化器＋校外实践圈”沉浸式实践平台。依托校内孵化器，设立“红色创业工坊”，提供红色主题的创业孵化服务，如红色研学旅行策划、红色文化数字内容制作、革命老区农产品品牌升级等，配备红色文化研究专家与创业导师联合指导。校外组建“红色研学实践圈”，与革命纪念馆、红色景区、乡村振兴示范村共建实践基地，组织学生开展“红色资源商业价值转化”调研，如挖掘革命故事的 IP 价值、设计红色旅游文创产品，推动形成“调研成果—创业项目—社会服务”的转化链条。

三是构建“红色＋双创”赛事赋能矩阵。联合地方文化和旅游局举办“红色文创设计大赛”，将红色 IP 转化为农产品包装，如“渤海走廊”系列文创、数字藏品等，推动红色文化与地方经济结合；支持学生团队申报“红色旅游规划”“红色文化传播”类创新创业项目。举办“红色创业大赛”“乡村振兴红色实践赛”等赛事，组织广大青年学子参与“挑战杯”红色专项活动，鼓励学生以创新创业项目解决革命老区发展痛点，组织师生团队开发“革命老区红色文化 VR 体验系统”，既助力文旅融合，又传播红色精神。

第三节　完善“渤海走廊”制度文化建设

“渤海走廊”的制度文化建设需立足其历史价值、红色基因与现代发展需求，结合政治、经济、社会等维度，构建“政府—产业—全员”三位一体的制度文化体系。

一、渤海走廊政治协作机制

1. 跨区域协作机制

一是跨区域战略统筹机制。健全跨区域战略统筹机制，设立区域协调委员会，如“渤海走廊联席决策机构”，赋予跨行政区项目审批权与资源调配权，建立“决策—执行—监督”闭环体系；推行负面清单管理模式，统一市场准入标准与监管规则，消除地方保护主义政策残留，进一步促进区域间、战略间相互融通补充，在战略叠加和战略融合中寻找更多跨省合作空间和领域，通过共同制定有利于区域发展的政策措施，构建制度支撑体系，促进区域间的产业合作和资源整合，推动形成区域一体化市场体系。

二是省级战略。加强山东省与京津冀地区在政治层面的合作，推动政务信息共享、干部交流锻炼等，以实现政策衔接、制度对接，推动区域协同发展；借助“渤海走廊”的历史文化底蕴，加强与胶东、临沂在文化、教育、旅游等领域的交流合作，推动文化交流互鉴，共同弘扬中华优秀传统文化；融入山东省“海洋强省”和“黄河流域生态保护”战略，建立潍坊与临沂、烟台等周边城市的联席会议制度，推动潍坊港、莱州港等港口物流和风电、光伏等新能源产业的联动。

三是跨省联动。设立交通、环保、文旅等专业委员会，开发“渤海通”政务协同平台，实现海域使用审批、污染物排放权交易等事项的“跨省通办”。开发政策模拟系统，运用AI评估跨区域政策叠加效应，规避制度冲突。例如依托潍烟高铁、荣乌高速过境的昌邑交通枢纽地位，推动与天津滨海新区、河北沧州等地的产业合作，共建产业园，构建立体化协同机制。

2. 本地区域协作机制

一是政策规范化。制定和完善相关政策法规是保障渤海走廊红色文化发展的重要基础。例如，可以制定《渤海走廊红色文化保护条例》《渤海走廊协同促进条例》等地方性法规，明确红色文化资源的保护、利用和管理责任主体，规范相关行为和活动。

二是评估机制科学化。建立“制度文化成熟度评价模型”，每季度发布评估指数，通过定期考核指标来提升量化评估成果。例如可以邀请第三方机构进行独立评估和监督，确保评估结果的客观性和公正性。

二、“渤海走廊”经济创新制度

一是产业链深度耦合。绘制“地理分布—技术关联—产能匹配”三维产业地图，建立石化、装备制造等优势产业的“链长＋盟主”协同机制；创建产能共享云平台，实现闲置设备、技术人才等要素的跨区域实时调配。

二是金融制度创新。设立“渤海走廊”开发银行，发行专项债券支持跨海通道、新能源基础设施建设；试点“科技创新券”跨区通用，建立风险共担的产学研联合基金。

三是海洋经济制度突破。建立海域使用权跨省交易市场，探索“用海指标证券化”模式；针对盐田、滩涂等特殊用地，探索“混合用地”政策，允许“工业＋文旅”复合开发，如盐田观光＋盐业博物馆；创建蓝色碳汇交易中心，构建海洋生态产品价值实现机制；实施“柽柳林修复＋牡蛎礁重建”工程，建立莱州湾南岸湿地生态监测站，严控陆源污染；推广“渔光互补”模式，在盐田、养殖区布局光伏发电，促进生态与经济效益双赢。

四是交通制度融合。串联蓬莱水城、山海关长城等地域节点，形成“海上丝绸之路”主题游径；规划渤海海峡悬浮隧道数字孪生系统，集成

5G 车路协同与北斗定位技术，同步建设“环渤海文化遗产专列”，车厢内设全息投影展示沿线历史场景。参照相关成熟服务创新案例，开发 AR 实景剧本杀、个性化文旅服务等产品，提升游客体验。

三、“渤海走廊”社会协同机制

1. 企业协同机制

成立“渤海走廊产业联盟”，发挥好本地龙头企业的引领示范作用。例如，推出“渤海盐田・千年匠心”“昌邑丝绸・海上丝路”等文化品牌；举办“国际盐文化节”“渤海走廊论坛”；联合寿光（蔬菜）、滨海（海盐），打造“渤海农文旅黄金走廊”；设立“走廊文化基金”，鼓励企业赞助非遗传承、生态公益项目。

2. 高校协同机制

联合高校与考古机构开展“渤海走廊”沿线遗址专项调查，建立数字化文物档案库，利用碳 −14 测年等技术还原古代交通网络变迁；本地高校还可以利用其学科门类齐全的优势，围绕人文经济学、文化事业产业、文化市场、文化法治等领域，建设高水平的文化专业智库，为“渤海走廊”文化制度建设提供智力支持和咨政服务；编纂《渤海文明谱系》，挖掘丝绸文化、海盐文化等共同历史记忆；设计“渤海走廊文化基因库”，将孙膑信仰、闯关东精神等转化为现代文化 IP。

3. 全员协同机制

“渤海走廊”的制度文化建设需要全员参与协同。例如，建设“数字渤海走廊平台”，集成产业数据、文化遗产 3D 展示、生态监测等功能，实现“一屏统管”的智慧文旅服务；开展“讲渤海故事”活动，采集盐工口述史料、组织短视频大赛，打造“昌邑盐工”“柳疃织娘”等文化 IP，增强文化归属感；扩大《渤海走廊》音乐剧的影响，制作红色主题剧本杀等新型文旅产品，结合数字化技术，增强互动性与传播力；打造“红色基因传承年”系列活动，如“红色拜年”团拜会、红色文物展，强化在地文化认同。

通过以上三方面制度文化建设，“渤海走廊”将实现从地理通道向文化共同体的跃升，为全球跨区域协同发展提供东方智慧样本。在实施过程中需注重历史逻辑与现代治理的衔接，在制度刚性约束与文化柔性浸润间寻求动态平衡。

第五章　挖掘和传承“渤海走廊”红色文化的当代价值

一个伟大的民族和国家，总是善于从庞大且深厚的历史土壤里提炼精神基因，并把这些基因一代一代传承下去。红色文化见证党艰辛而辉煌的奋斗历程，筑就了中国共产党执政的思想基础。只有以高度的历史文化认同感传承红色文化，“让红色血脉代代相传”的历史愿景才能成为“让红色江山代代相传”的伟大现实。

第一节　落实立德树人根本任务，增强文化自信

培养什么人，是新时代教育首要解决的问题。习近平总书记在学校思想政治理论课教师座谈会上指出：“新时代贯彻党的教育方针，要坚持马克思主义指导地位，贯彻新时代中国特色社会主义思想，坚持社会主义办学方向，落实立德树人的根本任务，坚持教育为人民服务、为中国共产党治国理政服务、为巩固和发展中国特色社会主义制度服务、为改革开放和社会主义现代化建设服务。”[1] 教育是民族振兴和社会发展的“定心石”，对人民思想道德素质的提高、人民群众的全面发展和中华民族凝聚力的焕发、

---

[1] 习近平：《思政课是落实立德树人根本任务的关键课程》，《求是》2020 年第 17 期。

中华民族伟大复兴的顺利实现都有着深远的意义。红色文化在助力新时代“立德树人”根本任务落实方面具有以下作用：

一、助力“中国精神”的弘扬与传承

“渤海走廊”红色文化蕴含着丰富的“中国精神”内涵，是中国共产党人精神谱系在地方的生动展现。在这片土地上，无数革命先辈以坚定的理想信念、顽强的奋斗意志和无私的奉献精神，为民族解放事业不懈奋斗。这些宝贵品质是“渤海走廊”红色文化的精神内核，对当代中国精神的传承与弘扬有着不可估量的价值。

“渤海走廊”红色文化承载的爱国主义精神熠熠生辉。抗日战争时期，面对外敌入侵，当地军民深知“天下兴亡，匹夫有责”，毅然投身抗日救亡的战斗中。他们不畏强敌，不惧牺牲，用热血和生命捍卫“渤海走廊”的安全畅通。在保卫“渤海走廊”的斗争中，在中国共产党的领导下，广大民众积极组织起来，为过往的部队送粮、送情报，掩护抗日志士转移，展现出对祖国、对家乡的深沉热爱。这种朴素而炽热的情感是爱国主义精神的真切体现，与当代倡导的爱国情怀一脉相承，激励着新时代的人民群众为国家繁荣富强而努力奋斗，在面对国际竞争、自然灾害等挑战时团结一心，共克时艰。

艰苦奋斗精神贯穿于“渤海走廊”红色文化始终。当时，根据地物资匮乏，军民生活条件极为艰苦，但他们没有被困难吓倒。战士们在枪林弹雨中冲锋陷阵，百姓们在后方节衣缩食、辛勤劳作，一手拿锄头，一手拿枪杆，边战斗边生产。如昌邑县委、县政府开展大规模生产建设运动，党政军民齐心协力，开荒种地、自制鞋袜、修造枪弹，凭借顽强的毅力克服重重困难，保障了根据地的基本生活与战斗需求。这种勇于担当、艰苦奋斗的作风，在当代社会依然有着强大的生命力，时刻提醒人们在追求美好生活的征程中脚踏实地、拼搏奋进，不畏艰难险阻，勇于砥砺前行，在实现中华民族伟大复兴的道路上持续攻坚克难，向着目标奋勇前进。

无私奉献精神在“渤海走廊”红色文化中留下了诸多感人篇章。无数革命先烈为了民族解放，不惜牺牲个人的一切，甚至献出宝贵生命。像“一门六英”的孙阁田家庭，一位普通的农民先后将六个儿子送上战场，只为保家卫国；还有赵大娘、魏大娘等普通群众，她们连名字都没有留下，只留下不顾个人安危，为保护革命战士机智勇敢地与敌人周旋的英勇事迹。这些都彰显了顾全大局、无私奉献的精神，为当代社会树立了崇高的道德标杆，激励人们在个人利益与集体利益、国家利益发生冲突时能够以大局为重，舍小家为大家，在志愿服务、社会公益等领域发光发热，为增进社会福祉贡献力量。

“渤海走廊”红色文化为中国精神的弘扬与传承提供了鲜活教材。通过挖掘这些红色故事、传承红色基因，才能让中国精神深深扎根于人们心中，从而转化为推动社会发展的强大精神动力，在新时代新征程中持续绽放光芒，助力中华民族在实现伟大复兴的道路上不断奋进。

二、强化社会主义核心价值观教育

习近平总书记在全国高校思想政治工作会议的讲话中指出：“要坚持不懈培育和弘扬社会主义核心价值观，引导广大师生做社会主义核心价值观的坚定信仰者、积极传播者、模范践行者。”[1]之所以说红色文化资源能够强化社会主义核心价值观教育，主要由以下三个层面决定：

首先，红色文化资源中蕴含的红色文化与社会主义核心价值观“基因同源”。红色文化和社会主义核心价值观的共同基因，都是源于以马克思主义为指导思想、传承中华优秀传统文化、借鉴世界优秀文化成果所孕育形成的“中华民族新文化”。红色文化承载的价值内涵和精神品格为社会

[1] 习近平：《把思想政治工作贯穿教育教学全过程　开创我国高等教育事业发展新局面》，《人民日报》2016年12月9日第1版。

主义核心价值观提供了优质基因，是当代培育和弘扬中国精神、凝聚中国力量、提升中国文化软实力的先进文化基石。

其次，“渤海走廊”中蕴含的红色文化与社会主义核心价值观“文化同向”。红色文化与社会主义核心价值观，都是中华民族伟大复兴历史进程中的文化成果。中国共产党自成立之日起，就自觉肩负着领导中国人民实现中华民族伟大复兴的历史重任。中国共产党人在革命、建设和改革各个历史时期的文化创造与文化实践，都证明红色文化与中国特色社会主义文化的历史渊源与承递关系。

最后，红色文化资源中所蕴含的红色文化与社会主义核心价值观“思想同核”。红色文化和社会主义核心价值观，都是中国共产党领导广大人民群众培育创造的中华民族特有的先进文化，拥有共同的信仰与理想、为人民服务的价值观、实事求是的精神所构成的共同思想内核，是中国革命、建设、改革各个历史阶段的文化支撑和强大精神动力。社会主义核心价值观之所以具有理论上的抽象性，缘于其是对社会主义核心价值体系的高度凝练与集中表达。对于高校育人来说，二十四字的社会主义核心价值观为广大育人主体搭建起了基础的知识框架，而如何往其中填充让大学生感兴趣且符合相应主题的内容，需要长期实践的探索。红色文化资源中每一件真实的历史文物、感人至深的事迹及其蕴含的红色精神，都能够成为社会主义核心价值观教育可利用的素材。二者之间的高度契合，既可以充实社会主义核心价值观的生命力和现实解释力，也能够助推红色文化资源的弘扬与传播。需要育人主体注意的是，革命战争年代的红色文化资源因蕴含着武装斗争、暴力革命、流血牺牲等内容，与社会主义核心价值观中提出的和谐、友善等主题有相悖之处，需要审慎融合，把握好讲授的时机。例如，在讲授“思想道德与法治”课程时，融入时任昌邑县独立营政委宫愚公的案例。宫愚公自 1941 年 11 月从胶东正规部队来到昌邑，一直工作到抗战胜利结束。在残酷复杂的斗争形势下，他顾全大局，带领昌潍抗日军民与日伪顽斗智斗勇，运用游击战术，巧妙地打击敌人，确保了“渤海走廊”这条生命线的安全畅通。面对当时昌潍日伪军对我根据地的一次次大“扫荡”，宫愚公等同志沉着应战，视死如归，创造了许多以少胜多的战例。这样将历史和现实相结合，能够助力大学生树立崇高理想信念。除此之外，红色文化资源因具备历史真实性的特点，育人主体若是能够带头内化红色文化资源的精神要义，并在大学生面前以身作则，积极外化红色优良传统，就能够在提升个人素养的同时助推践行社会主义核心价值观的行为养成。

三、增强文化自信的深厚根基

文化自信是一个国家、一个民族发展中更基本、更深沉、更持久的力量。党的十八大以来，习近平一再强调传承红色基因，弘扬革命文化，发展社会主义先进文化，在全党全军全国人民中树立起坚定的文化自信。而文化自信的本质就是对红色文化的自信，或者说红色文化是中国文化自信的根本支撑和价值渊源。“渤海走廊”红色文化以其独特的历史底蕴、精神内涵和地域特色，为增强文化自信增添了新的元素。

红色文化是近代中国革命、建设和改革发展胜利的精神总结。近代中国传统文化一度被压制，阻碍重重，以致“学不能竟”。胡适这样描述中国文化精神失败的惨境：“以数千年之古国，东亚文明之领袖，曾几何时，乃一变而北面受学，称弟子国。天下之大耻，孰有过于此者乎！”[1]风云际会之下，马克思主义东来，随之中国共产党成立，并以中国的实际和实践将之中国化，激起了时代的新文化、救国拯民的新文化、同西方价值抗衡的新文化——红色文化。如毛泽东所谓：“自从中国人学会了马克思列宁主义以后，中国人在精神上就由被动转入主动。从这时起，近代世界历史上那种看不起中国人，看不起中国文化的时代应当完结了。伟大的胜利的中国人民解放战争和人民大革命，已经复兴了并正在复兴着伟大的中国人民

[1] 胡适：《非留学篇》，《留美学生季报》1914 年第 3 期。

的文化。这种中国人民的文化，就其精神方面来说，已经超过了整个资本主义的世界。”[1]红色文化生成了新的时代价值和精神，成为中国文化自信的底色和本源。

“渤海走廊”红色文化见证了中国共产党领导人民在艰苦环境下创造历史的伟大征程。从早期共产党人在昌邑等地传播马克思主义，到组织发动一系列武装起义，再到建立并保卫“渤海走廊”红色生命线，每一个阶段都饱含着先辈的智慧与勇气。这些历史记忆如同璀璨星辰，镶嵌在中国文化的浩瀚苍穹之中，彰显了中华民族不屈不挠的精神品格，使人们深刻认识到中国共产党在历史进程中的中流砥柱作用以及中国人民蕴含的磅礴力量，进而对中国特色社会主义道路自信、理论自信、制度自信、文化自信有更为直观且深刻的理解。

“渤海走廊”红色文化以其丰富多样的表现形式拓展了文化自信的承载空间。“渤海走廊”沿线的革命遗址、纪念馆、陈列馆等，都承载着厚重的历史记忆。实物展示、场景复原、图文资料等方式，将那段波澜壮阔的革命岁月直观地呈现在人们眼前，红色文化节庆活动、文艺作品更是以鲜活生动的形式让红色文化走进大众生活。这些丰富的载体使人们能够近距离触摸历史、感受革命精神，使“渤海走廊”红色文化不仅仅作为抽象的历史概念，而是成为人们可感可知、可亲可敬的精神家园，让人们在日常文化体验中潜移默化地汲取文化养分，增强对本土文化的认同感与自豪感。

“渤海走廊”红色文化在当代的传承与创新发展彰显了其强大生命力，进一步夯实了文化自信的根基。当地政府与社会各界积极推动红色文化与旅游、教育、文创等产业融合发展，打造出具有吸引力的红色旅游线路，将红色教育融入国民教育体系，开发出一系列蕴含红色元素的文创产品。这些举措不仅让红色文化在新时代焕发出新的活力，吸引更多人关注和参与，而且实现了红色文化从历史记忆向现实资源的转化，充分证明了中华

[1] 毛泽东：《毛泽东选集》第4卷，人民出版社1991年版，第1516页。

优秀传统文化、革命文化具有与时俱进、历久弥新的特质，能够在不同时代背景下持续发挥价值，为人们提供源源不断的精神动力，助推文化自信迈向新高度。

“渤海走廊”红色文化以其独有的魅力与价值，从历史传承、载体呈现、创新发展等多个维度为增强文化自信注入强劲动力，让人们在回望历史、立足当下、展望未来的过程中，更加坚定地守护与传承中华民族的精神家园，向着文化强国的目标稳步迈进。

第二节 推动红色产业构建与经济高质量发展

一、“渤海走廊”红色文化推动红色产业构建的基础

1. 丰富的文化素材与独特吸引力

“渤海走廊”红色文化为红色产业提供了丰富多样的素材。从英勇的战斗故事到感人的军民鱼水情，从重要的历史事件到独特的地理环境，都为文学、影视、艺术创作提供了无尽的灵感。这些素材具有独特的吸引力，能够唤起人们对历史的敬畏和对革命先辈的敬仰之情。以“渤海走廊”为背景创作的影视作品，能够凭借其紧张刺激的战斗情节和深厚的情感内涵吸引观众；相关文学作品也能通过细腻的描写，带领读者走进那段热血沸腾的岁月。这种独特的吸引力是构建红色产业的核心竞争力之一。

2. 广泛的群众基础与市场潜力

红色文化在我国具有广泛的群众基础。“渤海走廊”的红色故事深入人心，当地民众对其充满深厚情感，同时也吸引着全国各地的人们前来探寻。随着人们对文化旅游、精神消费需求的不断增长，以“渤海走廊”红色文化为核心的产品和服务具有巨大的市场潜力。相关调查显示，近年来红色旅游市场持续升温，越来越多的游客希望通过亲身经历感受红色文化

的魅力。这为红色产业的发展提供了广阔的市场空间。无论是红色旅游项目的开发，还是红色文化创意产品的销售，都有大量的潜在消费市场。

3. 政策支持与发展机遇

国家高度重视红色文化的传承与发展，出台一系列政策支持红色产业的建设。这些政策涵盖资金扶持、税收优惠、土地利用等多个方面，为“渤海走廊”红色产业的构建提供了有力保障。例如，政府鼓励社会资本参与红色旅游项目的开发，对符合条件的红色文化企业给予税收减免。同时，在当前推动文化产业成为国民经济支柱性产业的大背景下，“渤海走廊”红色文化迎来前所未有的发展机遇。借助政策东风，能够更好地整合资源，推动红色产业快速发展。

二、基于“渤海走廊”红色文化的红色产业构建路径

1. 红色旅游产业

（1）打造特色旅游线路与景点

整合“渤海走廊”沿线的革命遗址、纪念场馆、自然风光等资源，打造多条具有特色的旅游线路。例如，设计“红色历史探秘之旅”，将重要的战斗遗址、地下交通站串联起来，让游客深入了解当年的革命历程；开发“生态与红色融合之旅”，将渤海沿岸的美丽风光与红色文化景点相结合，丰富游客体验。同时，对各个景点进行精心规划和建设，提升其展示效果和服务质量。在革命纪念馆中，运用现代多媒体技术，如虚拟现实、增强现实等，让游客能够身临其境地感受历史场景。

（2）丰富旅游产品与服务

除了传统的参观游览，还应开发多样化的旅游产品和服务。如推出红色主题的研学旅行产品，针对不同年龄段的学生设计相应的课程和活动，通过实地考察、互动体验等方式，培养学生的爱国主义情怀和历史责任感。开展红色文化体验活动，如模拟当年的战斗场景，让游客在参与中感受战

争的残酷与革命先辈的英勇。此外，还需提升旅游服务质量，加强导游培训，提高导游的专业素养和讲解水平，为游客提供优质、个性化的服务。

2. 文化创意产业

（1）红色文化创意产品开发

深入挖掘“渤海走廊”红色文化元素，将其融入文化创意产品的设计中，如开发具有纪念意义的徽章、钥匙扣、文具，以革命遗址、英雄人物为原型设计雕塑、摆件，创作以“渤海走廊”为主题的书籍、漫画、音乐、影视作品等。同时要注重产品的创新性和艺术性，使其既具有文化内涵，又符合现代消费者的审美需求。例如，将红色故事以漫画的形式呈现，通过生动有趣的画面吸引年轻读者；制作具有地域特色的红色音乐专辑，用激昂的旋律传递红色精神。

（2）创意产业园区建设

建设“渤海走廊”红色文化创意产业园区，吸引文化企业、艺术家、创意人才入驻。园区提供完善的基础设施和配套服务，打造集创作、生产、展示、销售于一体的产业平台。在园区内举办各类文化创意活动，如创意设计大赛、文化艺术展览等，激发创意灵感，促进产业交流与合作。通过产业园区的集聚效应，推动红色文化创意产业向规模化、专业化发展。

3. 红色教育培训产业

（1）专业培训课程设置

依托“渤海走廊”丰富的红色文化资源，开设具有针对性的红色教育培训课程。课程内容包括党史学习教育、革命传统教育、爱国主义教育等。采用多样化的教学方式，如现场教学、情景教学、案例教学等，增强培训效果。例如，在革命遗址现场进行教学，让学员亲身感受历史氛围；通过讲述真实的革命案例，引导学员思考和讨论。针对不同的培训对象，如党政干部、企业员工、学生等，设计不同层次和内容的课程，满足其多样化的需求。

（2）培训基地建设与运营

加强红色教育培训基地的建设，完善基地的教学设施、住宿、餐饮等配套服务。与各级党校、高校、企业等建立合作关系，拓展培训业务。邀请专家学者、革命先辈后代等担任授课教师，打造一支高素质的师资队伍。通过优质的培训课程和良好的服务口碑，提升培训基地的知名度和影响力，吸引更多学员前来参加培训。

三、“渤海走廊”红色文化产业对经济高质量发展的推动作用

1. 促进经济结构优化升级

（1）丰富发展文化产业

“渤海走廊”红色文化产业的发展，直接带动了文化产业的繁荣。红色旅游、文化创意、红色教育培训等产业的兴起，丰富了文化产业的业态。这些产业具有高附加值、低能耗的特点，能够有效提升文化产业在国民经济中的比重。例如，红色文化创意产品的开发和销售，不仅创造了经济效益，还推动了文化产业的创新发展。

（2）带动相关产业协同发展

以红色旅游为例，游客的到来增加了对餐饮、住宿、交通等方面的需求，从而促进这些产业的发展。当地的特色美食可以通过红色旅游的平台得到推广，吸引更多游客品尝；酒店、民宿等也能因游客的增加而提高入住率；交通部门则可以通过优化交通线路、增加车辆班次等方式满足游客的出行需求。此外，红色文化产业的发展还能带动手工艺品制作、农产品加工等产业的发展。例如，游客对红色文化纪念品的需求促进了当地手工艺品制造业的发展；对当地特色农产品的购买，推动了农产品加工业的繁荣。这种产业间的协同发展，有助于形成完整的产业链条，促进经济结构的优化升级。

2. 带动区域经济发展与乡村振兴

（1）促进区域经济增长

“渤海走廊”红色文化产业的发展能够吸引大量的游客和投资，为区域经济增长注入新动力。游客在旅游过程中的消费，直接增加了当地的财政收入。同时，红色文化产业项目的建设，如旅游景区的开发、文化创意产业园区的建设等，需要大量的资金投入，这也带动了相关产业的投资增长。例如，建设红色旅游景区，可以吸引大量游客前来观光旅游，带动当地餐饮、住宿等行业的发展。此外，红色文化产业的发展还能提升区域的知名度和影响力，吸引更多的人才和资源，为区域经济的持续发展奠定基础。

（2）助力乡村振兴战略实施

“渤海走廊”沿线有100多个村庄，“渤海走廊”红色文化产业的发展可以为乡村振兴提供新的机遇。通过发展红色旅游、红色文化创意产品加工等产业，能够促进农村产业兴旺。例如，一些乡村可以利用当地的红色文化资源开发乡村红色旅游项目，吸引游客前来体验乡村生活，品尝农家美食，购买农产品，从而增加农民的收入。同时，红色文化产业的发展还能吸引年轻人回乡创业，解决农村劳动力流失问题，促进乡村人才振兴。此外，在红色文化产业发展过程中，注重对乡村环境的整治和基础设施的建设，能够改善乡村生态环境，提升乡村治理水平，实现乡村生态宜居、治理有效。

3. 创造就业机会与增加居民收入

（1）就业岗位创造

“渤海走廊”红色文化产业的发展涉及多个领域，能够创造大量的就业岗位。在红色旅游产业中，需要导游、景区服务人员、餐饮从业人员、住宿管理人员等；文化创意产业需要设计师、艺术家、生产工人等；红色教育培训产业需要教师、培训管理人员等。这些岗位不仅为当地居民提供了就业机会，还吸引了外地人才的流入。例如，某红色旅游景区建成后，直接和间接创造了数百个就业岗位，使当地许多居民实现了在家门口就业。

（2）居民收入提升

随着红色文化产业的发展，居民收入水平得到显著提高。就业机会的增加使居民有了稳定的收入来源。同时，居民还可以通过参与红色文化产业的相关经营活动，如开办农家乐、销售红色文化纪念品等进一步增加收入。此外，红色文化产业的发展带动了当地房地产、商业等行业的发展，使居民的财产性收入也有所增加。例如，某地区发展红色旅游后，当地居民通过经营民宿和销售手工艺品，年收入大幅增长，生活水平得到明显改善。

四、“渤海走廊”红色文化产业发展面临的挑战与应对策略

1. 面临的挑战

（1）资源整合难度大

“渤海走廊”红色文化资源分布较为分散，涉及多个地区和部门，资源整合难度较大。不同地区和部门之间面临的利益协调、规划统一等问题，制约了红色文化产业的整体发展。例如，部分革命遗址分属不同的乡镇管理，在旅游开发过程中，缺乏统一规划，导致景点之间的连接性差，游客体验不佳。

（2）专业人才短缺

红色文化产业的发展需要大量的专业人才，包括文化创意人才、旅游管理人才、红色教育培训师资等。目前，这方面的专业人才相对短缺，难以满足产业发展的需求。例如，一些红色文化创意企业缺乏具有创新能力的设计师，导致产品同质化严重；红色旅游景区缺乏专业的导游和管理人员，影响了景区的服务质量和运营效率。

（3）市场竞争激烈

在全国范围内，红色文化产业发展迅速，各地纷纷推出具有特色的红色旅游产品和文化创意产品。“渤海走廊”红色文化产业面临着激烈的市场竞争。如何在众多竞争对手中脱颖而出，打造具有独特竞争力的产品和品牌，是亟待解决的问题。例如，在红色旅游市场中，一些知名的红色旅游目的地已经拥有了较高的品牌知名度和市场占有率，“渤海走廊”红色旅游要吸引游客，需要付出更多的努力。

2. 应对策略

（1）加强区域合作与资源整合

建立跨地区、跨部门的协调合作机制，加强对“渤海走廊”红色文化资源的整合。制定统一的产业发展规划，明确各地区、各部门的职责和分工，实现资源共享、优势互补。例如，由相关地区的政府部门成立“渤海走廊”红色文化产业发展协调领导小组，统筹规划红色文化产业项目的建设和发展。同时，加强对红色文化资源的保护和利用，在保护的基础上进行合理开发，确保资源的可持续利用。

（2）加强人才培养与引进

加大对红色文化产业专业人才的培养力度。与高校、职业院校合作，开设相关专业和课程，培养具有创新能力和实践经验的专业人才。例如，与高校合作开设红色文化创意设计专业，为文化创意产业培养专门人才；开展红色旅游从业人员培训，提高其业务水平和服务质量。同时，制定优惠政策，吸引外地优秀人才投身“渤海走廊”红色文化产业的发展。例如，为引进的高层次人才提供住房补贴、科研经费支持等。

（3）强化品牌建设与市场营销

深入挖掘“渤海走廊”红色文化的独特价值，打造具有鲜明特色的红色文化品牌。通过品牌建设，提升产品和服务的知名度和美誉度。同时，加强市场营销推广，利用互联网、新媒体等多种渠道开展全方位的宣传推广活动。例如，制作精美的宣传视频，在各大视频平台播放；利用社交媒体平台，开展互动式营销活动，吸引更多游客和消费者的关注。此外，加强与旅行社、文化企业等的合作，拓展市场渠道，提高市场占有率。

“渤海走廊”红色文化具有不可估量的当代价值，尤其是在推动红色产业构建与经济高质量发展方面发挥着重要作用。通过深入挖掘其丰富的文化内涵，打造特色鲜明的红色旅游、文化创意、红色教育培训等产业，不仅能够促进经济结构优化升级，带动区域经济发展和乡村振兴，还能创造大量就业机会，增加居民收入。尽管在发展过程中面临诸多挑战，但通过加强区域合作、人才培养和品牌建设等策略，“渤海走廊”红色文化产业必将迎来更加广阔的发展前景。在未来，应进一步重视“渤海走廊”红色文化的价值，持续推动红色产业的创新发展，使其成为经济高质量发展的重要引擎，同时也让红色文化在新时代焕发更加耀眼的光芒，传承红色基因，弘扬革命精神。

第三节　赓续红色齐鲁文化，助推中华民族伟大复兴

山东，位于中国东部沿海，这片古老而充满活力的土地承载着悠久的历史和灿烂的文化，其中齐鲁文化作为其文化根源影响深远。齐鲁文化由齐文化和鲁文化相互交融而成，有着数千年的历史传承，深刻塑造了山东的人文风貌和价值观念。

齐文化尚变革、重功利、崇智慧，具有很强的开放性和创新性。齐国在政治上推行管仲改革，“通货积财，富国强兵”，迅速崛起成为春秋五霸之首；在经济上注重商业发展，利用沿海优势发展渔盐之利，商业文化繁荣昌盛；学术上，稷下学宫广纳百家，成为当时学术交流与思想争鸣的重要阵地，汇聚了孟子、荀子等众多知名学者，促进了文化的繁荣与多元发展，也催生了如孙武的《孙子兵法》等军事学经典著作，其军事谋略和哲学思想至今仍被广泛研究和应用。

鲁文化则秉持着尊周礼、重传统、尚伦理的特质。鲁国作为周公旦的封邑，是西周典章制度的忠实传承者，孔子在此诞生并创立儒家学说，主张“仁”“礼”，强调道德修养和社会秩序，经孟子、子思等儒家后学的传承与发展，儒家思想逐渐成为中国传统文化的主流，深刻影响了中华民族的道德观念、行为准则和社会治理理念。

齐鲁大地，历史悠久，文化底蕴深厚，在这片广袤的土地上孕育出了灿烂辉煌的红色文化。红色齐鲁文化作为中国红色文化的重要组成部分，承载着山东人民在革命、建设和改革过程中的奋斗历程与精神追求，具有不可替代的独特价值。在新时代背景下，深入研究红色齐鲁文化，探索其与中华民族伟大复兴的内在联系，对于凝聚民族力量、传承红色基因、推动文化繁荣、促进经济社会发展具有重要的现实意义和深远的历史意义。

在抗日战争时期，山东为重要的抗日根据地，沂蒙山区成为红色的摇篮。沂蒙人民怀着对党的无限忠诚和对革命事业的坚定信念，演绎了一幕幕感人至深的英雄事迹。“沂蒙红嫂”用自己的乳汁救护八路军伤员，做军鞋、送军粮，全力支持前线作战；“沂蒙六姐妹”带领全村妇女为部队烙煎饼、洗军衣、站岗放哨，在孟良崮战役等战斗中发挥了重要作用。她们用柔弱的身躯和坚强的意志，展现出军民鱼水情深和无私奉献的伟大精神，成为沂蒙精神的生动写照，也彰显了红色齐鲁文化中爱党爱军、无私奉献的核心价值。

一、红色齐鲁文化内涵与特质

1. 历史脉络梳理

红色齐鲁文化的形成与发展有着清晰而深刻的历史轨迹。自近代以来，山东人民便在民族独立和解放的道路上不懈抗争。“五四运动”时期，山东各界民众积极响应，掀起了大规模的反帝爱国运动，成为“五四运动”的重要力量源泉之一，为马克思主义在山东的传播奠定了群众基础。

在大革命时期，山东党组织初步建立并积极开展工农运动，领导工人罢工和农民斗争，虽历经艰难挫折，但为后续的革命斗争积累了宝贵经验。土地革命战争时期，山东党组织在白色恐怖下顽强坚持斗争，创建了多个革命根据地，如胶东革命根据地等，开展游击战争，打击反动势力，保存和发展了革命力量。

抗日战争时期，山东成为全国重要的抗日根据地之一。八路军主力部队挺进山东，与山东人民并肩作战，创建了鲁中、鲁南、滨海、胶东、渤海等抗日根据地，沂蒙山区更是成为著名的革命老区。沂蒙人民以无私奉献的精神，全力支持抗战，为八路军提供物资、掩护伤员、参军参战，谱写了可歌可泣的壮丽篇章。

解放战争时期，山东人民继续为全国的解放事业作出巨大贡献。山东是解放战争的重要战场和战略后方，百万民工踊跃支前，推着小车、抬着担架，跟随部队转战南北，为淮海战役、渡江战役等的胜利提供了坚实保障，为新中国的成立立下了不朽功勋。

2. 精神内涵挖掘

（1）沂蒙精神

沂蒙地区作为中国革命的重要根据地，在长期的革命、建设与发展进程中孕育出了伟大的沂蒙精神。沂蒙精神不仅是沂蒙人民独特品质与奋斗历程的精神结晶，更是中华民族精神家园中的璀璨明珠，对于凝聚民族力量、推动社会发展具有不可替代的重要意义，深入探究其内涵具有深刻的时代价值。

沂蒙精神的内涵

第一，爱党爱军——坚定的政治信仰与军民鱼水情。沂蒙人民在革命战争年代，亲身感受到中国共产党为人民谋幸福、为民族谋复兴的初心使命，从而坚定不移地拥护党的领导，将爱党之情转化为实际行动。沂蒙人民踊跃参军，为军队提供物资支持和人员保障，在艰难困苦的环境下，始终与党领导的军队生死相依、患难与共，生动诠释了军民之间血浓于水的深厚情谊。爱党爱军成为沂蒙人民内心深处最坚定的政治信仰和精神支柱。这是沂蒙精神的核心要义，也是沂蒙革命斗争取得胜利的重要保障。

第二，开拓奋进——勇于探索创新的进取精神。沂蒙地区自然条件并不优越，但沂蒙人民并未因此而故步自封、安于现状。在农业生产上，沂蒙人民积极改良土壤、兴修水利，探索高效种植模式；在工业发展中，沂蒙人民敢想敢干，从无到有创办企业，不断推动产业升级。无论是传统产业的革新还是新兴产业的培育，沂蒙人民都展现出了强烈的开拓意识和奋进精神，他们不畏惧困难与挫折，敢于突破传统思维的束缚，在时代发展的浪潮中积极探索适合本地的发展道路，这种精神特质为沂蒙地区的持续发展注入了强大动力，使其能够在不同历史时期紧跟时代步伐，实现经济的稳步发展。

第三，艰苦创业——勤劳坚韧的奋斗品质。面对恶劣的自然环境和相对匮乏的物质资源，沂蒙人民凭借勤劳的双手和坚韧不拔的毅力，在贫瘠的土地上创造出一个个奇迹。从开山辟岭修建梯田到手工打造生活用品，从简陋的手工作坊起步发展地方工业，沂蒙人民始终秉持着吃苦耐劳、艰苦奋斗的作风。他们不怕吃苦、不怕受累，以顽强的意志和不懈的努力，逐步积累起物质财富和精神财富。这种在艰苦条件下白手起家、不懈奋斗的创业精神，是沂蒙人民面对一切困难的制胜法宝，也是沂蒙精神的生动写照，深刻体现了中华民族勤劳勇敢的传统美德在沂蒙大地的传承与发扬。

第四，无私奉献——舍己为公的高尚情怀。沂蒙人民在革命与建设过程中，始终将集体利益和国家利益置于首位，展现了无私奉献的高尚品质。在战争时期，为了革命的胜利，沂蒙百姓不惜牺牲自己的生命、财产，倾尽全力支援前线；在和平年代，为了国家的基础设施建设、工业化进程等，沂蒙人民又主动让出土地、房屋，奉献出自己的资源和力量，毫无怨言地承担起时代赋予的责任和使命。这种超越个人利益的无私奉献精神，彰显了沂蒙人民的博大胸怀和崇高境界，成为沂蒙精神中最具感染力和震撼力的部分，为全社会树立了道德标杆和精神榜样。

沂蒙精神的时代价值

第一，沂蒙精神是革命战争年代的胜利基石。沂蒙精神在革命战争时期发挥了至关重要的作用，为中国共产党领导的革命斗争提供了坚实的群众基础和强大的精神支持。沂蒙人民的爱党爱军情怀使得党领导的军队能够在当地迅速扎根并发展壮大，源源不断地获得人力、物力的补给；沂蒙人民的无私奉献确保了前线作战的物资需求和情报传递等关键环节的顺畅；开拓奋进和艰苦创业精神则为根据地的建设和巩固提供了内在动力，使沂蒙地区成为革命战争中一座坚不可摧的堡垒，为全国革命的最终胜利作出了不可磨灭的贡献。

第二，沂蒙精神是社会主义建设时期的发展动力。新中国成立后，沂蒙精神继续引领沂蒙人民投身社会主义建设事业。在工业领域，沂蒙人民凭借艰苦创业精神，在沂蒙地区逐步建立起一批具有地方特色的工业企业，推动了地方经济的发展；在农业生产上，沂蒙人民发扬开拓奋进精神，持续改善农业生产条件，提高粮食产量，为解决温饱问题奠定了基础。同时，沂蒙人民爱党爱军的政治优势转化为对党和国家政策的坚决拥护和积极执行，无私奉献精神则体现在沂蒙人民在国家工业化进程中对资源调配等方面的全力支持，这些成为推动沂蒙地区乃至全国社会主义建设稳步前进的重要精神力量。

第三，沂蒙精神是新时代的精神引领与价值坐标。在实现中华民族伟大复兴的新时代征程中，沂蒙精神依然具有重要的时代价值。爱党爱军精神有助于强化全民的政治认同和国家意识，凝聚起全国各族人民团结奋斗的力量；开拓奋进精神激励着人们在科技创新、产业升级等领域勇于探索、敢于创新，为经济高质量发展提供动力源泉；艰苦创业精神提醒人们在物质条件日益丰富的今天，仍需保持勤劳节俭、艰苦奋斗的作风，防止奢靡之风和享乐主义的侵蚀；无私奉献精神则引导人们树立正确的价值观和利益观，积极投身公益事业和社会服务，促进社会和谐稳定发展。沂蒙精神为新时代社会主义精神文明建设提供了鲜明的价值坐标和精神指引。

沂蒙精神的传承路径

第一，加强教育宣传，筑牢精神根基。将沂蒙精神纳入国民教育体系，从学校教育抓起，编写专门的教材、开设特色课程，通过课堂讲授、实地参观、红色研学等多种形式，让青少年深入了解沂蒙精神的内涵与价值。同时，充分利用现代媒体平台，如电视、网络、新媒体等，制作传播展现沂蒙精神的纪录片、公益广告等文化作品，以生动形象的方式讲述沂蒙故事，营造全社会传承沂蒙精神的浓厚氛围，使沂蒙精神深入人心，从而筑牢人们的精神根基。

第二，推动文旅融合，创新传承载体。整合沂蒙地区丰富的红色文化资源和自然风光资源，打造具有沂蒙特色的文化旅游品牌。开发红色旅游线路，建设沂蒙精神纪念馆、红色文化主题公园等旅游景点，通过情景再现、互动体验等方式，让游客在旅游过程中亲身感受沂蒙精神的魅力。同时，举办沂蒙文化节、红色文化研讨会等文化活动，吸引国内外游客和学者参与，促进沂蒙精神与其他地域文化的交流与融合，拓展沂蒙精神的传播范围和影响力，以文旅融合的创新模式为沂蒙精神的传承发展注入新的活力。

第三，注重实践养成，促进精神转化。在社会实践中传承和弘扬沂蒙精神，将其融入乡村振兴、基层治理、志愿服务等各项工作中。在乡村振兴战略实施过程中，鼓励干部群众发扬艰苦创业和开拓奋进精神，发展特色产业、建设美丽乡村；在基层治理中，倡导无私奉献和爱党爱军精神，增强基层党组织的凝聚力和战斗力，促进社会和谐稳定；在志愿服务活动中，引导广大志愿者以沂蒙精神为指引，积极奉献爱心、服务社会，使沂蒙精神在实践中得到传承和升华，转化为人们的实际行动和价值追求，推动经济社会的全面发展。

沂蒙精神以其深刻的内涵、独特的价值和强大的生命力，成为中华民族精神宝库中的瑰宝。在新时代，深入挖掘、传承和弘扬沂蒙精神，不仅是对历史的铭记和尊重，更是推动社会发展、实现民族复兴的现实需要。通过加强教育宣传、推动文旅融合和注重实践养成等多种路径，沂蒙精神在新的历史起点上焕发出更加耀眼的光芒，激励着全体中华儿女为实现中华民族伟大复兴的中国梦而不懈奋斗，共同创造更加美好的未来。

（2）胶东革命精神

胶东地区在中国历史的长河中占据着独特的地位，其孕育出的胶东革命精神是当地人民在长期的生产生活、革命斗争与社会发展实践中积累沉淀而成的宝贵精神财富。深入剖析胶东革命精神的内涵、特征与时代价值，对于凝聚区域力量、传承地方文化以及推动社会进步具有重要意义。

胶东革命精神的内涵

第一，红色基因——革命斗争中的英勇无畏。胶东地区是中国革命的重要根据地之一，拥有深厚的红色底蕴。在抗日战争和解放战争时期，胶东人民展现出了坚定不移的革命意志和英勇无畏的战斗精神。从地雷战的巧妙运用到众多胶东儿女踊跃参军支前，他们为民族独立和人民解放事业作出了巨大牺牲和卓越贡献。红色基因深深融入胶东人民的血脉之中，成为胶东革命精神的核心内涵之一，体现了胶东人民对正义的执着追求和对党、对国家、对人民的无限忠诚。这种精神力量在艰难困苦的革命岁月中支撑着胶东人民奋勇前行，书写了壮丽的革命篇章。

第二，开放包容——海洋文化孕育的广阔胸怀。胶东半岛三面环海，海洋文化源远流长。长期与海洋的互动使得胶东人民形成了开放包容的精神特质。他们对外来文化、思想和技术持积极接纳的态度，善于吸收融合各地的优秀成果为我所用。在商业贸易方面，胶东地区自古以来就是海上丝绸之路的重要节点，与国内外多地开展着广泛的经济交流与合作。这种开放的姿态促进了区域经济的繁荣发展，同时也塑造了胶东人民豁达、包容的性格特点，能够容纳不同地域、不同背景的人群与文化元素，营造出多元共生、和谐共进的社会氛围。

第三，拼搏进取——艰苦环境下的奋斗精神。胶东地区的自然环境并非得天独厚，在过去面临着地少人多、资源有限等诸多困难。然而，胶东人民凭借着顽强的毅力和拼搏进取的精神，在这片土地上辛勤耕耘、开拓创业。无论是发展渔业、农业还是工业，他们都不畏艰难险阻，勇于尝试新的生产方式和经营模式，不断向困难发起挑战，努力改善生活条件，追求更好的发展前景。这种拼搏进取的精神在各个历史时期都有体现，推动着胶东地区从贫困落后走向繁荣富裕，成为胶东人民创造美好生活的强大动力源泉。

第四，崇文重教——文化传承中的智慧追求。胶东地区素有崇文重教的优良传统，自古以来就重视文化教育事业的发展。众多胶东子弟勤奋好学，在学术、文化、艺术等领域取得了显著成就，涌现出了一批批杰出的文人墨客、学者专家。在胶东地区，家庭、社会普遍注重对子女的教育培养，将知识视为宝贵财富和改变命运的重要途径；学校、书院等教育机构负责教授传播文化知识，营造浓厚的文化氛围。这种崇文重教的精神不仅提升了胶东地区的文化素养和人才素质，也为地方的长远发展奠定了坚实的智力基础，使得文化传承与创新在胶东大地得以延续和发展。

胶东革命精神的特征

第一，地域性——独特地理环境的文化烙印。胶东革命精神的形成与胶东地区独特的地理环境密切相关。海洋、山脉、平原等自然地理要素构成了胶东人民生产生活的地域基础，也塑造了其独特的精神风貌。海洋赋予了胶东人民开放、冒险的精神气质；相对独立的半岛地形在一定程度上保留了地方文化的独特性和传承性；而内陆的农耕文明与海洋文明相互交融，形成了兼具务实与进取的精神特质。这些地域性特征使得胶东革命精神有别于其他地区的精神文化，具有地域文化的鲜明标识，承载着胶东地区的历史记忆和文化基因。

第二，历史性——时代变迁中的传承与演变。胶东革命精神是在胶东地区漫长的历史发展过程中逐渐形成和发展起来的，经历了不同的历史时期和社会变革，从古代的海洋贸易、文化传承到近现代的革命斗争、经济建设，每个阶段都为胶东革命精神注入了新的内涵和元素。它既保留了传统文化中的精华部分，如儒家文化影响下的道德观念、家族观念以及传统手工艺中的工匠精神等，又在新的历史条件下不断适应时代发展的需求，与时俱进地发展演变，成为具有历史延续性和时代适应性的精神体系，反映了胶东地区人民在不同历史阶段的价值追求和精神风貌，见证了地区的兴衰变迁与文化传承。

第三，传承性——代代相传的精神接力。胶东革命精神在胶东地区以家庭、学校、社区等为载体，通过言传身教、文化教育、民俗活动等多种方式代代相传。长辈们将革命故事、生产经验、道德规范等传递给晚辈，使得红色基因、拼搏进取、崇文重教等精神品质得以延续和传承。这种传承性确保了胶东革命精神的稳定性和生命力，使它成为胶东地区人民共同的精神纽带和价值追求。在传承过程中，胶东革命精神不断得到强化和丰富，融入人们的日常生活和行为习惯中，成为一种潜移默化的精神力量，激励着一代又一代胶东儿女为家乡的发展和繁荣不懈努力。

第四，时代性——顺应时代潮流的价值更新。尽管胶东革命精神有着深厚的历史底蕴，但它并非一成不变，而是具有鲜明的时代性特征。在当今全球化、信息化的时代背景下，胶东革命精神与时代发展的脉搏相契合，不断融入新的时代内涵和价值观念。例如，在科技创新领域，胶东人民继承拼搏进取的精神，积极投身于高新技术产业的发展，展现出勇于创新、敢于突破的时代风采；在文化交流与合作方面，开放包容的精神特质进一步促进了胶东地区与国内外文化的互动与融合，从而吸收现代文明成果，推动地方文化的创新性发展，使其在新时代焕发出新的活力和魅力，更好地服务于地区经济社会的发展和国家现代化建设。

胶东革命精神的时代价值

第一，胶东革命精神是区域发展的精神动力。在新时代的区域经济社会发展中，胶东革命精神为胶东地区提供了强大的精神动力。红色基因激发了干部群众的爱国情怀和奋斗精神，使其在工作中保持高度的责任感和使命感，积极投身于地方建设事业；开放包容的精神吸引了大量的人才、资金和技术流入，促进了区域产业升级和经济结构优化，加强了与国内外其他地区的交流合作，提升了胶东地区在全球产业链中的地位；拼搏进取的精神鼓励企业和创业者勇于创新、敢于竞争，在市场浪潮中不断开拓进取，推动地方经济持续增长；崇文重教的传统为区域发展提供了坚实的人才支撑和智力保障，培养出了一大批高素质的专业人才和创新团队，促进了科技进步、文化繁荣和社会和谐发展，助力胶东地区实现高质量发展的目标。

第二，胶东革命精神具有文化传承与创新的引领作用。胶东革命精神作为胶东地区文化的精髓，对于地方文化的传承与创新具有重要的引领作用。它承载着丰富的历史文化信息和传统价值观，通过弘扬胶东革命精神，可以唤起人们对本土文化的认同感和自豪感，激发保护和传承地方文化遗产的热情，如使传统的民间艺术、民俗风情、历史建筑等得到更好的保护和传承；同时，胶东革命精神中的开放包容和拼搏进取精神也为文化创新提供了动力源泉，鼓励文化工作者积极借鉴国内外先进文化经验，结合本地文化特色，创作出更多具有时代特色和地域风格的文化产品，推动胶东文化在新时代实现创造性转化和创新性发展，丰富中华民族文化宝库，提升文化软实力，增强文化自信，为实现中华民族文化的繁荣兴盛贡献胶东力量。

第三，胶东革命精神是民族复兴的精神支撑。从国家层面来看，胶东革命精神所蕴含的价值观念与中华民族伟大复兴的中国梦高度契合，为民族复兴提供了精神支撑。红色基因体现了中华民族不屈不挠的民族精神和对国家独立、民族解放的不懈追求，在新时代能够激励全国人民铭记历史、缅怀先烈，增强民族凝聚力和向心力；开放包容的精神与当今全球化的发展趋势相呼应，有助于中国在国际舞台上加强与世界各国的交流合作，吸收人类文明的优秀成果，提升国家的国际影响力和竞争力；拼搏进取的精神是实现国家繁荣富强、人民幸福安康的重要精神动力，鼓励全体中华儿女在各自的岗位上努力奋斗、勇于创新，为实现中华民族伟大复兴的目标而不懈拼搏；崇文重教的精神对于提高国民素质、培养创新人才、推动科技进步和文化繁荣具有重要意义，为民族复兴奠定坚实的人才基础和文化基础，使胶东革命精神在民族复兴的伟大征程中焕发出更加耀眼的光芒，成为凝聚全国人民共同奋斗的精神力量之一。

胶东革命精神以其丰富的内涵、鲜明的特征和重要的时代价值，成为胶东地区乃至中华民族精神家园中的璀璨明珠。深入挖掘、传承和弘扬胶东革命精神，不仅有助于推动胶东地区的经济社会发展和文化繁荣，更是实现中华民族伟大复兴中国梦的重要途径。在新时代，我们应当充分认识到胶东革命精神的价值和意义，通过多种途径和方式，让胶东革命精神在新的历史起点上绽放出更加绚丽的光彩，激励广大干部群众为建设更加美好的家园、实现中华民族伟大复兴目标而努力奋斗，使其在新时代的伟大实践中不断丰富和发展，成为中华民族精神宝库中永恒的精神财富。

二、渤海走廊与红色齐鲁文化的精神共鸣

齐鲁文化作为中华文明的重要源头，自春秋时期便以儒家思想为核心，构筑起“仁、义、礼、智、信”的价值体系。孔子高呼“志士仁人，无求生以害仁，有杀身以成仁”的壮烈誓言，孟子阐发“天下之本在国，国之本在家，家之本在身”的家国理念，这些思想历经千年淬炼，早已深深镌刻在齐鲁儿女的精神血脉之中。“渤海走廊”红色文化并非无源之水，它在烽火连天的革命实践中，激活了齐鲁文化的精神基因，实现了从传统人文精神向现代革命精神的创造性转化。

1. 崇德尚贤到忠诚担当的精神跃迁

齐鲁大地自古崇贤尚德，从孔子周游列国播撒“仁政”火种，到诸葛亮以“鞠躬尽瘁，死而后已”诠释忠义，崇德尚贤的传统塑造了齐鲁儿女的精神品格。在“渤海走廊”武装斗争中，先辈们将这种品格升华为对党

和人民事业的绝对忠诚。昌邑县委书记张智忠在敌人的重重围困下，毅然带领群众组建抗日武装，面对威逼利诱坚如磐石；潍县交通员李桂芳化身普通村妇，数次穿越敌人封锁线传递绝密情报，即便身陷囹圄也守口如瓶。他们用热血与生命践行“苟利国家生死以，岂因祸福避趋之”的担当，将齐鲁文化中“修身齐家治国平天下”的理想，升华成为民族解放事业奋斗的坚定信念。

2. 和衷共济在团结协作中的时代彰显

齐鲁文化中的“和”文化底蕴深厚,《论语》“君子和而不同”的理念，彰显着包容共生的智慧。在“渤海走廊”的斗争岁月里，这种精神演变为根据地军民协同作战的“一盘棋”战略。胶东、清河两大根据地打破地域藩篱，构建起“县—区—村”三级情报网络：村级“堡垒户”提供食宿保障，区级武装队负责武装护送，县级统筹物资调度。1943 年，昌邑、潍县、寿光三地党组织在一次大规模干部转移行动中紧密配合，采用“接力式护送”，成功将 200 余名干部安全送往延安。行动中，普通群众自发组成人墙，用牛车、渔船开辟隐蔽通道；妇女们通宵达旦赶制棉衣、烙制干粮。这场全民参与的伟大行动，正是齐鲁文化中“众人拾柴火焰高”智慧的生动写照。

3. 经世致用催生出灵活的斗争智慧

齐鲁文化注重“经世致用”，墨子“兼爱非攻”的哲学、孙子出神入化的军事谋略，无不体现务实创新的特质。“渤海走廊”沿线抗日军民将这种智慧转化为克敌制胜的法宝。面对敌人“拉网式扫荡”，他们创造性地构建“抗日沟”立体防御体系：蜿蜒的“抗日沟”连接各村，成为出其不意打击敌人的安全屏障。情报传递采用加密方式，以特殊符号标注危险路段，黄金运输化整为零，药品藏于竹篓夹层，枪支拆解后混在粮袋之中。这些因地制宜的策略，既传承了齐鲁文化中“变通以趋时”的思维精髓，又展现了革命斗争中的创新精神，让“渤海走廊”在敌人的严密监控下始终屹立不倒。

三、红色齐鲁文化助推民族复兴作用机制

1. 凝聚民族精神力量

红色齐鲁文化是中国近现代革命历史的鲜活见证，它真实地记录了山东人民在民族独立和解放斗争中的英勇事迹和重大贡献。众多的革命遗址、遗迹、文物以及历史文献等都是历史的载体，如孟良崮战役遗址、台儿庄大战纪念馆等，这些地方见证了激烈的战斗场面和革命先辈们的英雄壮举，为后人了解和研究那段波澜壮阔的历史提供了第一手资料。它们填补了历史细节，使中华民族的革命历史更加完整、丰富和生动，有助于我们铭记历史，珍惜来之不易的和平与发展环境。

红色齐鲁文化中蕴含的共同价值追求和革命情怀具有强大的凝聚力和向心力，能够将全体中华儿女紧密团结在一起。在民族复兴的征程中，面对各种困难和挑战，这种精神力量能够跨越地域、阶层、年龄等差异，激发人们对国家、对民族的认同感和归属感。

2. 提供精神动力支撑

红色齐鲁文化为思想政治教育提供了丰富而生动的素材。参观革命纪念馆、红色文化遗址，聆听革命故事、英雄事迹等方式，能够让人们特别是青少年亲身感受革命先辈们的崇高理想、坚定信念和高尚品德，从而激发他们的爱国情怀、民族自豪感和责任感。例如，各类红色研学活动组织学生深入革命老区，让他们在实践中体验革命生活，学习革命精神。这种身临其境的教育方式比传统的课堂教育更具感染力和说服力，有助于培养青少年艰苦奋斗、团结协作、勇于担当等优秀品质，为培养德智体美劳全面发展的社会主义建设者和接班人奠定坚实的思想基础。

红色齐鲁文化所展现出的坚韧不拔、勇于牺牲、开拓创新等精神品质，为当代人在实现中华民族伟大复兴的道路上提供了源源不断的精神动力。在科技创新领域，科研人员发扬红色文化中的艰苦奋斗精神，刻苦钻研，

攻克一个又一个技术难关，推动我国在芯片研发、航天航空、人工智能等关键技术领域取得突破；在经济发展中，企业家们传承红色文化中的担当精神和拼搏精神，勇于开拓市场，创新经营模式，带领企业做大做强，为国家经济增长贡献力量；在社会建设方面，广大基层干部和群众以红色文化为指引，积极投身于脱贫攻坚、乡村振兴等伟大事业中，不畏艰难险阻，努力改善生活环境，提升生活质量，共同为实现中华民族伟大复兴的中国梦而不懈奋斗。

3. 促进文化产业发展

红色齐鲁文化丰富了中华民族文化的内涵，其独特的地域文化特色与革命精神相融合，形成了别具一格的文化魅力。它为文学、艺术、影视等领域的创作提供了源源不断的灵感和素材。许多以红色齐鲁文化为背景的文艺作品，如小说《红高粱家族》、电影《沂蒙六姐妹》等，不仅在国内引起了强烈反响，还在国际上展示了中国红色文化的独特魅力，提升了中华民族文化的软实力。同时，红色文化活动的开展，如红色主题文艺演出、红色文化展览等，丰富了人民群众的精神文化生活，促进了文化的传承与创新，推动了社会主义文化的繁荣发展。

红色齐鲁文化资源丰富，通过合理开发和利用，可以转化为具有经济价值的文化产业。一方面，红色旅游产业的发展带动了交通、餐饮、住宿、购物等相关产业的繁荣，为地方经济增长注入了新的活力。例如，沂蒙山红色旅游区的开发，不仅吸引了大量游客，增加了当地居民的收入，还促进了基础设施建设的完善和生态环境的改善。另一方面，以红色文化为主题的文化创意产品等产业也逐渐兴起，创造了更多的就业机会和经济效益。同时，文化产业的发展也进一步传播了红色文化，扩大了其影响力，形成了文化与经济相互促进、协同发展的良好局面，为中华民族伟大复兴奠定了坚实的物质基础。

四、赓续红色齐鲁文化路径探索

1. 深化研究阐释

高校、科研机构应加强对红色齐鲁文化的跨学科研究，整合历史学、社会学、文化学、政治学等多学科资源，深入挖掘其深层内涵、精神价值和时代意义。鼓励专家学者开展学术交流与合作，举办各类红色文化研讨会、学术论坛等活动，分享研究成果，拓展研究视野，不断提升研究水平。同时，加强对红色文化研究成果的转化和应用，将其融入文化教育、旅游开发、社会治理等实践领域，为红色齐鲁文化的传承发展提供坚实的理论支撑。

2. 创新传承方式

充分利用现代新媒体技术，打造沉浸式、互动式的红色文化体验项目。例如，运用虚拟现实、增强现实等技术，重现革命战争场景，让人们身临其境地感受革命先辈们的英勇事迹，增强文化传播的吸引力和感染力。开发红色文化主题的游戏、动漫、短视频等创意产品，针对不同年龄段、不同群体的受众需求进行精准传播，使红色文化更易于被大众接受和喜爱。此外，还可以借助社交媒体平台，开展线上红色文化活动，如红色故事分享、红色知识竞赛等，扩大红色文化的传播范围和影响力。

3. 协同发展模式构建

政府应发挥主导作用，建立健全红色文化传承发展协调机制，整合文化和旅游、教育、财政、宣传等多个部门的资源和力量，形成工作合力。鼓励社会资本参与红色文化产业开发，引导企业在追求经济效益的同时注重文化内涵的挖掘和传承。加强家庭、学校、社会三方联动，营造全方位、多层次的红色文化传承氛围。家庭是传承红色基因的基础，家长要注重言传身教，传承红色家风；学校要将红色文化教育贯穿于教育教学全过程，培养学生的红色情怀；社会要通过各种文化活动和公共服务，让红色文化融入人们的日常生活。同时，加强红色文化传承人才队伍建设，培养一批专业的研究、讲解、创作、管理人才，为红色齐鲁文化的赓续发展提供人才保障。

红色齐鲁文化作为中华民族优秀文化的瑰宝，承载着山东人民的革命记忆和精神追求，在中华民族伟大复兴的征程中具有不可估量的价值和作用。通过深入挖掘其内涵、保护传承其文化遗产、创新发展其传承方式、充分发挥其作用机制，我们能够凝聚起强大的民族精神力量，为实现中华民族伟大复兴的中国梦提供坚实的文化支撑和精神动力。在新时代，我们要以高度的责任感和使命感，赓续红色齐鲁文化血脉，让其在新的历史条件下焕发出更加耀眼的光芒，激励全体中华儿女为实现国家富强、民族振兴、人民幸福而不懈奋斗，共同书写中华民族伟大复兴的壮丽篇章。